抖音运营

从零到千万粉丝实战指南

林　欣　林晓丹◎著

電子工業出版社
Publishing House of Electronics Industry
北京•BEIJING

内 容 简 介

本书主要和你分享如何在激烈的竞争中，抢夺抖音流量、实现变现。本书简单易懂，实操性强，即使你毫无经验，也能看得懂、学得会。本书共 9 章，先介绍了抖音的产品与用户、不同运营阶段的侧重点，让你对抖音号运营有全局性、理论性的了解，再结合作者从 0 到上千万个粉丝抖音号的运营经验，着重介绍了账号定位、引流变现、内容生产、团队搭建这几个重要环节的实操方法。书中会提供团队分工表、内容模板表等实用表格，让你轻松读懂并使用这些已经被验证的、具有价值的实操方法。最后，本书整理了 18 种内容玩法、各行业的经典营销案例，帮助你进一步巩固运营技巧，也希望能为你在实操过程中提供灵感与借鉴对象。

本书适用于短视频爱好者，希望获得抖音流量的个人、商家、品牌商等。

图书在版编目（CIP）数据

抖音运营：从零到千万粉丝实战指南 / 林欣，林晓丹著. —北京：电子工业出版社，2019.11

ISBN 978-7-121-37642-9

Ⅰ. ①抖…　Ⅱ. ①林…②林…　Ⅲ. ①网络营销—指南　Ⅳ. ①F713.365.2-62

中国版本图书馆 CIP 数据核字（2019）第 234958 号

责任编辑：石　悦
印　　刷：天津千鹤文化传播有限公司
装　　订：天津千鹤文化传播有限公司
出版发行：电子工业出版社
　　　　　北京市海淀区万寿路 173 信箱　　邮编：100036
开　　本：880×1230　1/32　印张：8　字数：208 千字
版　　次：2019 年 11 月第 1 版
印　　次：2020 年 4 月第 4 次印刷
定　　价：59.00 元

凡所购买电子工业出版社图书有缺损问题，请向购买书店调换。若书店售缺，请与本社发行部联系，联系及邮购电话：（010）88254888，88258888。

质量投诉请发邮件至 zlts@phei.com.cn，盗版侵权举报请发邮件至 dbqq@phei.com.cn。

本书咨询联系方式：（010）51260888-819，faq@phei.com.cn。

前言

在接触抖音号运营之前，我在新媒体行业已经深耕了数年。彼时我负责运营尚品宅配公众号，该账号已经拥有了 1100 万个粉丝，微信渠道已经贡献了数十亿元营业额，从微信渠道引流的订单占电商销售额的比例高达 60%。

2018 年春节期间，抖音突然火遍了大江南北，用户量突破了 1 亿个。当许多企业还在观望的时候，我所就职的公司——家具定制品牌“尚品宅配”，凭着敏锐的嗅觉又一次走在了新媒体的前列，而作为内容营销团队的负责人，我也开始了与抖音的不解之缘。

2018 年 3 月，在行业中还没有可参照的抖音运营账号情况下，团队开始了不停的“折腾”。这个过程是非常痛苦的，我们当时对抖音并不了解，而且我们是一支原来在运营微信公众号的团队，对视频拍摄也鲜有经验，但充满了激情，每天可以拍出数条短视频。

在这个艰难的“摸着石头过河”的过程中，我们经历了很多次失败，这个过程并非一帆风顺。但我们很幸运，作为第一批“吃螃蟹”的人，我们逐渐找到了方法，熟悉了抖音号运营的规则，尝到了胜利的果实。我们的抖音矩阵已经从 0 增长到 100 万个粉丝，再从 100 万个粉丝暴增到了 1000 万个粉丝，而且还在不断增长中！

我们一直埋头苦干，努力工作，向前奔跑。某天，我回望这段经验时，突然有一种要与大家急切分享的心情。当抖音已经迅速成为一种“标配”，深度融入很多人的日常生活中时，不但企业、组织、品牌商需要学习，而且个人也可以通过它表达自己的需求。

本书的起源是我的伯乐——电子工业出版社编辑石悦老师——发现了我发表的文章，并且邀请我将抖音号的运营经验写成书籍，供更多想要了解抖音、做好抖音号运营的读者浏览。

本书适合以下几类人群：

对于初级/中级运营者，特别是想要从事抖音号运营工作的读者，你可以把本书常备身边，作为从 0 基础到精通的学习手册，我还为运营者们整理了许多非常实用的工作表格、报告资料。

对于管理层，你可以通过短短的 1 小时阅读此书，快速、全面地了解千万个粉丝级别大号的全流程运营管理精细化过程，从内容定位到团队组建、绩效考核设置、日常管理、引流转化模式等，我把自己管理团队的成功实战经验归纳在内，这些也可以作为团队的培训资料。

对于想要打造 IP 的个人，本书不仅介绍了团队运营的情况，还讲述了全能型个人运营的可行性操作模式，包括如何拟定标题文案、制作封面、写脚本、拍摄、剪辑、配音、推广等。

在起笔之前，我思考了很多关于书籍的规划，从书名到封面、从大纲到行文，其中最重要的一点就是简单易懂，一定要让即使零基础的读者也能够看懂。为了让书籍更有质量，我全面参考了各种官方数据资料并考证、总结个人的运营经验、整理各种图表附件、多次校对，以求书中所讲可以经得起实际运营的考验。这半年来，我牺牲了工作之余的所有节假日，努力地写作，有时深夜灵感忽至，也要挑灯夜战。如今，本书终于得以面世，这要仰仗各位亲友的理解、支持和帮助。

本书的内容如下：

第 1 章介绍了抖音的产品与用户。2016 年 9 月上线的抖音，通过 PGC（专业生产内容）+UGC（用户生产内容）的内容产生模式，以及头条系的内容分发算法，加以明星推广阵营，以指数型的速度增长——2019 年 1 月月活跃用户数突破 5 亿个。抖音平台的用户主要是内容创作者和内容消费者，他们与平台之间的关系构建了整个抖音生态。本章介绍了抖音的用户画像并对抖音产品进行解析，旨在让读者对抖音有全面的了解。

抖音号与其他产品一样拥有生命周期，在第 2 章中，我们将其分为 4 个阶段：导入期、成长期、成熟期、衰退期。在每一个阶段都有相应的工作重点。导入期的核心工作是定位和整合资源，打造可持续、高价值产出的模式；成长期是账号和团队高速发展的阶段，主要完成内容的打磨、粉丝的增长和团队协作能力的提升。成熟期的抖音团队将变现作为主要的目标，不断挖掘账号的变现能力。目前，我们要牢牢把握前三个阶段，让衰退期不要过早到来。

第 3 章～第 7 章较详细地介绍了抖音号运营中的重点环节：定位、引流变现模式的设置、团队搭建管理、全流程化运营以及制造“爆款”内容的逻辑方法。

第 8 章和第 9 章均为抖音号运营的成功案例分析。第 8 章主要介绍了抖音玩法中简单、可操作性强的案例，基本囊括了各个账号在运营中会使用的玩法，有很好的借鉴意义；第 9 章主要为抖音号运营中各大行业的经典案例赏析，这些案例获得了几亿次传播量，案例的相关账号已经成为抖音号运营中的优秀标杆，通过学习它们的作品和思路，我们可以知道抖音平台对于不同行业传播的无限潜力。

月增百万个粉丝、日增十万个粉丝，在我看来是常有的，但却是有先决条件的，在适宜的配置下并不是困难的事情。一个品牌的运营增长核心是内容运营，能否持续产出高质量的内容决定了品牌能走多远。

我希望本书能为各位有抖音号运营需求的读者们带来实质性的帮助，也在此预祝各位读者们的抖音号运营顺利，有付出就会有收获！

林欣

2019 年 9 月

目 录

第1章 抖音的发展与特点

1.1 抖音的崛起

1.1.1 抖音高速领跑短视频赛道

1. 视频行业发展简史

纵观中国的视频行业，至今为止一共经历了三个阶段。第一个阶段为 2004 年以前，是以电视为载体的传统电视视频时代。第二个阶段为 2005—2015 年，是以电脑为主要载体，并开始移动化的在线视频时代。第三个阶段为 2016 年至今，是以手机为主要载体的移动短视频时代。

2005 年，视频行业真正进入飞速发展时期。这一年，美国的 YouTube、中国的土豆网上线，在线视频时代揭开了序幕，因而 2005 年被称为在线视频的元年。

2009—2011 年，乐视视频、优酷、爱奇艺、搜狐视频、腾讯视频等视频网站纷纷成立。值得一提的是，中国首个视频 App——乐视视频在 2009 年上线。

2011 年，腾讯上线了腾讯视频。2012 年，百度收购了爱奇艺。

2015 年，阿里巴巴全面收购优酷土豆集团。随着 BAT（百度、阿里巴巴、腾讯）逐步入场，网络视频播放平台的三足鼎立之势遂成。

与此同时，以秒为单位的短视频开始萌芽，与以往超过 20 分钟的视频已不在同一个战场之内。以秒为单位的新秩序颠覆了视频行业，以秒计时的超低门槛是短视频成为大众共同创作的先决条件。移动拍摄工具的便利使得人们从观看者到创作者的身份转变成了可能。

快手和秒拍（2011 年）、微视（2013 年）、美拍（2014 年）、小咖秀（2015 年）……纷纷进入大众视野，不断优化拍摄工具，“砸钱”做广告，培养“网红”……拼命厮杀，都是为了争夺短视频的天下。2011—2015 年，短视频向移动化、社交化发展，开始向移动短视频时代过渡。

2016 年被称为短视频元年，在这一年，大量资本注入，助推了短视频的发展，短视频行业一片红红火火。今日头条系的短视频产品矩阵在这一年也攻势猛烈，抖音正是在这一年的 9 月上线的。抖音在上线后用户数以指数速度增长，截至 2019 年 1 月，抖音在国内日活跃用户数突破 2.5 亿个。

2. 抖音后来居上

抖音之所以发展迅速，原因如图 1-1 所示。

抖音取众多同类 App 之所长，把竞争对手们的门路摸得很透，再把它们的亮点与自身优势有机结合。其定位与 Musical.ly 相似，都是年轻人的音乐社区，以搞笑、趣味的内容为主，后来 Musical.ly 被今日头条收购，与抖音合并。

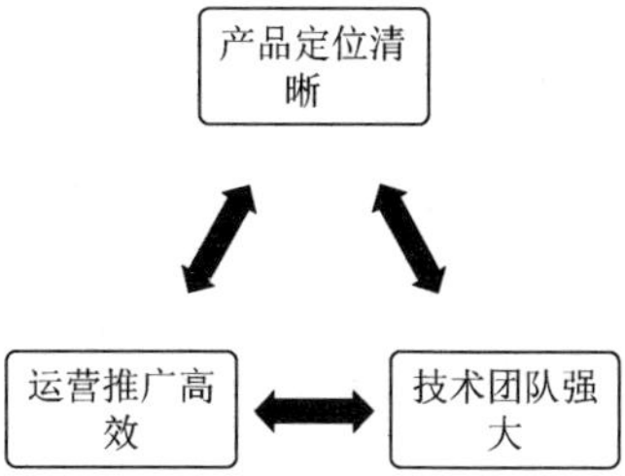

图 1-1

抖音作为一个拍摄工具，美颜和滤镜功能不输给相机。其对嘴表演模式解决了普通人拍摄短视频的创意与配音困难，将 PGC（如音乐）与 UGC（如视频）结合，既把门槛降到最低，又增添了趣味性。作为一个内容平台，抖音利用了今日头条的算法优势，保证了内容的分发效率。

在运营推广上，抖音一方面利用了 KOL（Key Opinion Leader，关键意见领袖）进行传播，将粉丝转移到抖音中，另一方面引入了优秀的创作者，保障了平台优质视频的生产。抖音利用了今日头条已有的超大流量池引流，同时大量投放广告。

抖音的成功自然不是偶然的，而是天时、地利、人和的结果，超强的学习能力与快速的变通整合是其成功的基础。

1.1.2 抖音平台的5个特点

要想利用抖音进行营销，就必须了解抖音平台的特点。当我们弄清楚了抖音的风格、规则，了解了抖音对什么类型的内容更青睐时，我们就可以更轻松地营销，更容易达到事半功倍的效果，也能更好地预测抖音未来的发展趋势。

抖音平台的特点如图 1-2 所示。

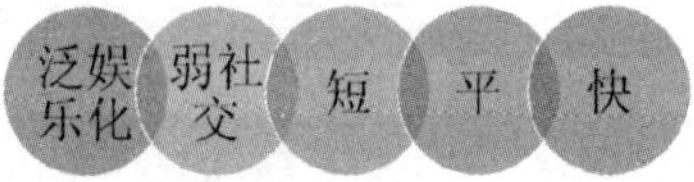

图 1-2

1. 泛娱乐化

在抖音中最盛行的是音乐、舞蹈、搞笑段子，平台“人性化”的个性化推荐机制使得几乎所有“不人性化”的严肃内容难以传播。

在推荐机制的助推下，大量具有娱乐性的短视频得以曝光、传播，促使创作者在创作视频时，向轻松、娱乐的风格靠近。

一些原本在大众印象中严肃、高冷的企业和机构，在抖音中展现的亲民新形象令人惊喜，他们并没有忘记自己的使命，只是以一种轻松、更接近民众的方式传播有价值的内容，这是令人喜闻乐见的。例如，警官转变严肃形象，用令人啼笑皆非的段子教人如何识破诈骗，不但传播效果更好，而且也拉近了与粉丝的心理距离，可谓寓教于乐的经典案例。

2. 弱社交

抖音的定位是音乐社交平台，但实际上不如说是一个内容平台，它更像一个短视频版的今日头条。

抖音的内容属性远强于社交属性，相比于把它作为日常的社交工具，用户更愿意在抖音中观看视频。

3. 短

抖音的短如图 1-3 所示。

图 1-3

视频时长和观看时间以秒为单位，制作周期以天为单位，无论是创作者还是观看者，投入的时间成本都很低。

视频时长虽然以秒为单位，但是完整、精彩，抖音在诸多细节处下了功夫。例如，音乐库中的音乐做到了短而精悍，歌曲只截取了高潮部分，平台也出现了不少“有魔性”的抖音“神曲”，如“我们一起学猫叫，一起喵喵喵喵喵”“像一棵海草海草随风飘摇”等。

为了弥补时间上的限制，抖音提供了加快和放慢的功能，让用户在制作视频时能轻松地调节节奏，加快功能可以让视频虽然短却完整，而放慢功能则可以突出细节。

4. 平

“平”体现在其门槛之低，抖音短视频的消费门槛几乎为零，人人都能参与创作，人人都能看懂。这也是抖音让人上瘾的原因之一。

抖音提供了“傻瓜式”的视频拍摄方法，对嘴表演模式解决了普通人的内容创作难题，这使得拍摄短视频成了人人都能做的事，同时又增添了趣味。我们作为内容创作者，为了让人人都能看懂，也应当呈现给用户低学习门槛的内容，避免晦涩难懂的冷僻选题。

5. 快

抖音的“快”表现为以下几点。

一是产品迭代快。2018 年，抖音迭代了 35 个版本之多，平均 10.4 天迭代一次，可见其调整、优化速度之快，而新玩法也不断地增加。

二是市场反馈快。对违规账号的封禁、对违规内容的删除、对社会反馈的问题都有快速的反馈及调整，如每月通告封禁账号及内容、防沉迷机制的上线等。

三是热点更新快。热点的视频既出现得快又消失得快，对于抖音中出现的一些热点内容，我们常常来不及蹭就很快被代替了。

四是增长速度快。无论是抖音用户数，还是优秀创作者账号的粉丝数，初期量级上升的速度都很快。

1.2 用户画像

1.2.1 用户数量

抖音在 2019 年 1 月底发布的《2018 抖音大数据报告》称，抖音的国内日活跃用户数突破 2.5 亿个，国内月活跃用户数突破 5 亿个。

从艾瑞 App 指数 2018 年数据中可见，抖音在 2018 年独立设备数呈现上升趋势，而且势头稳定，随着基数上升增长比例已经逐渐放缓，如图 1-4 所示。

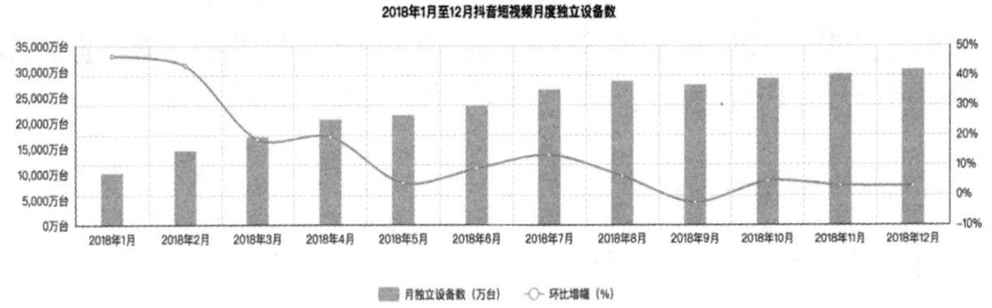

图 1-4

以上是抖音的国内用户数据，值得一提的是海外用户量也不小，根据美国 CNBC 2019 年 2 月发布的消息，抖音海外版 TikTok 在 2018 年年底已经拥有超过 5 亿个月活跃用户（如图 1-5 所示）。

抖音在全球的月活跃用户数已经超过 10 亿个。这得益于抖音从

2017 年就进入海外市场，实现了真正意义上的火遍全球。

图 1-5

1.2.2 用户性别

2018 年 6 月，抖音官方发布的《抖音企业蓝 V 白皮书》数据显示，抖音的男性用户占比为 40%，女性用户占比为 60%。女性用户数量高于男性用户数量。

使用抖音的有两大类主流用户：一类是内容消费者，他们看视频娱乐自我；另一类是内容创作者。

在后者中，20 岁出头的年轻女性几乎占了 2/3。这不难解释我们在刷抖音时频频刷到年轻的网红“小姐姐”，这一点还是与抖音的自身定位非常相符的。

1.2.3 用户年龄

抖音面向的人群主要是年轻人，以“95 后”或“00 后”为主。截至 2018 年 6 月，30 岁以下的用户占比高达 52.26%，40 岁以上的用户仅占 9.56%（如图 1-6 所示）。抖音用户的年龄现在越来越大，用户的年龄边界正在不断地被打破。

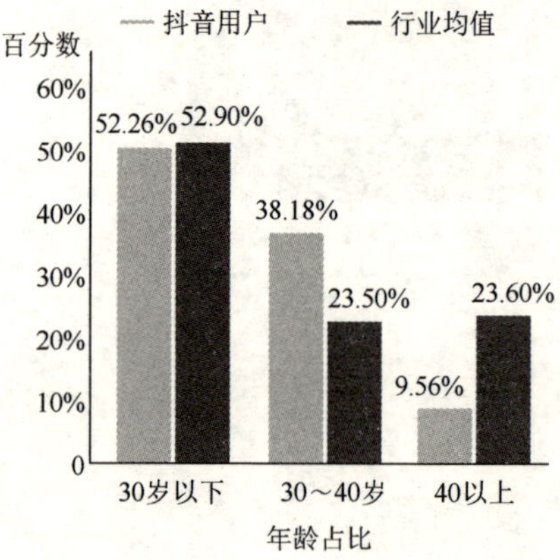

图 1-6

1.2.4 用户地域

抖音用户的覆盖地域以一二线城市为主，但也在逐步地向三四五线城市辐射，随着更多的用户入场，抖音的内容也更多元化。

在抖音用户地域的占比中，广东、江苏、山东占据了前三位，位居前十位的用户地域如图 1-7 所示。

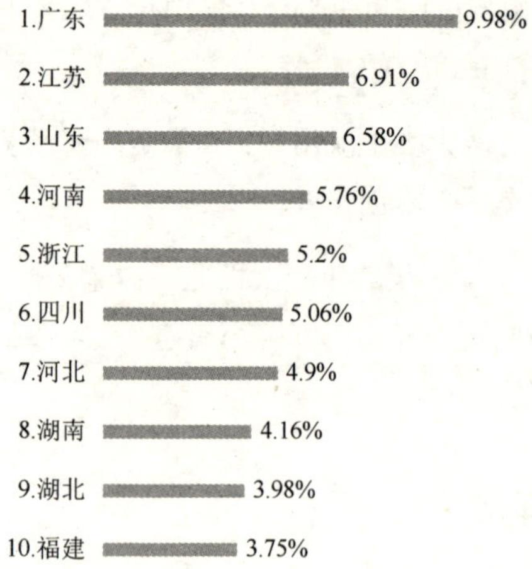

图 1-7

1.3　抖音的产品分析

1.3.1　产品功能架构

体验版本：抖音 V7.9.0。

体验环境：Android 8.1.0。

功能框架如图 1-8 所示。

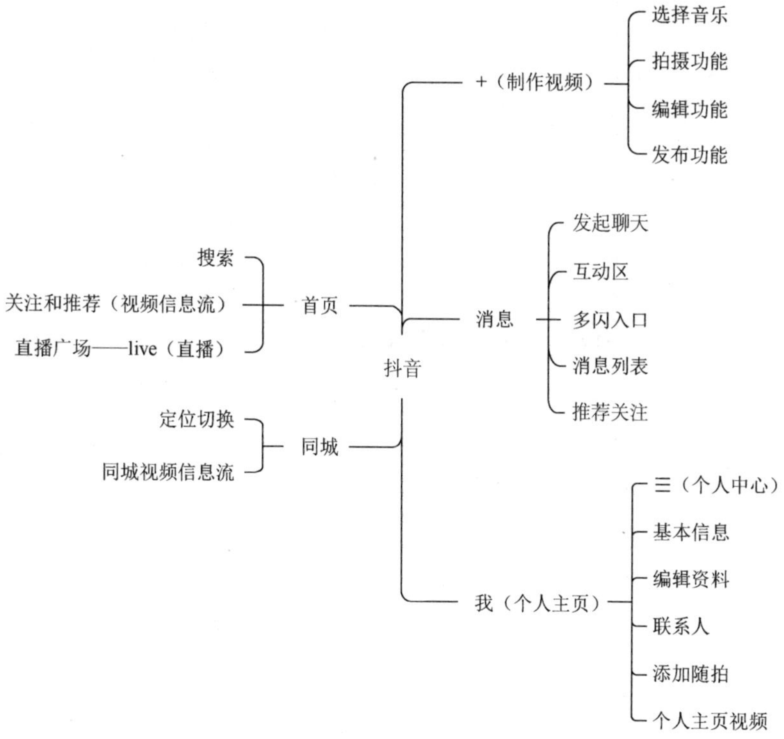

图 1-8

抖音细分框架如图 1-9～图 1-13 所示。

（1）“首页”如图 1-9 所示。

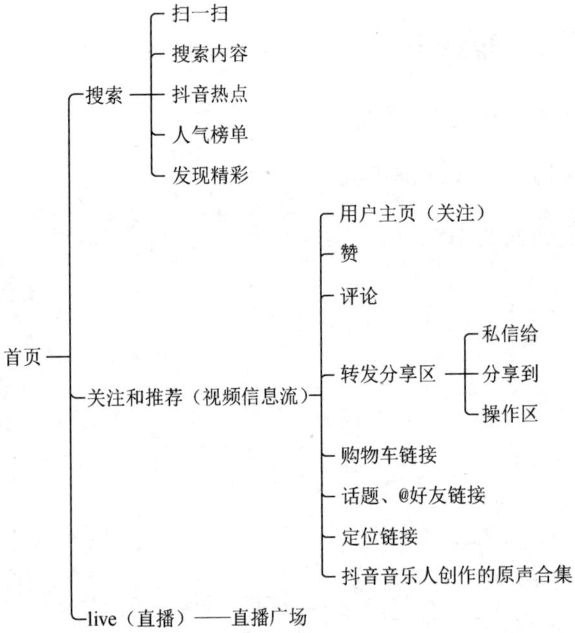

图 1-9

（2）“同城”如图 1-10 所示。

图 1-10

（3）“+”（制作视频）如图 1-11 所示。

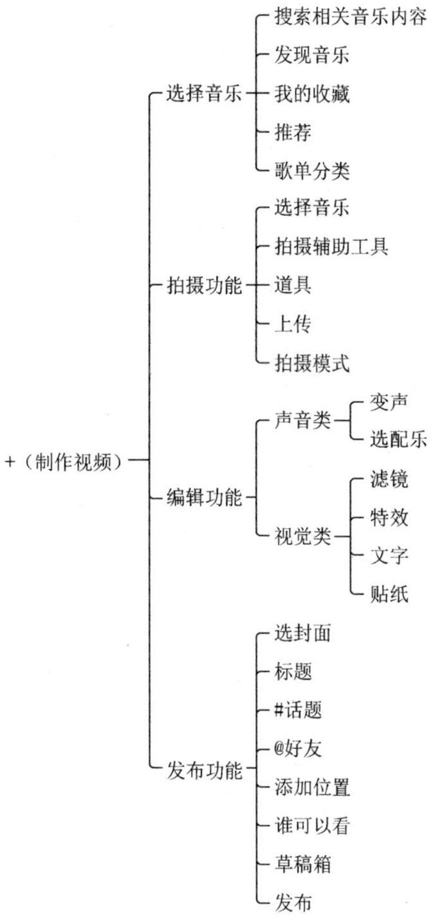

图 1-11

（4）“消息”如图 1-12 所示。

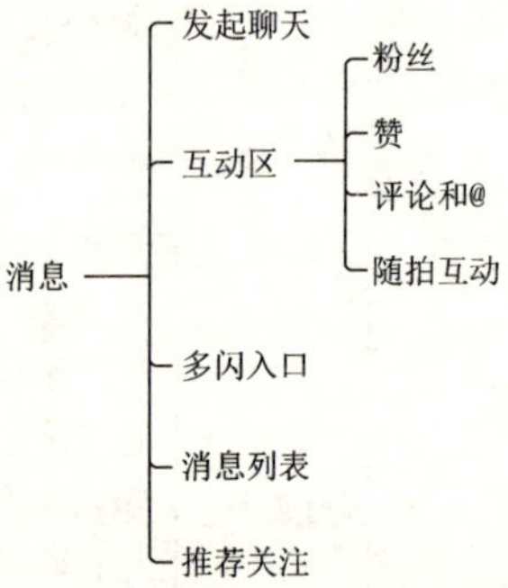

图 1-12

（5）“我”（个人主页）如图 1-13 所示。

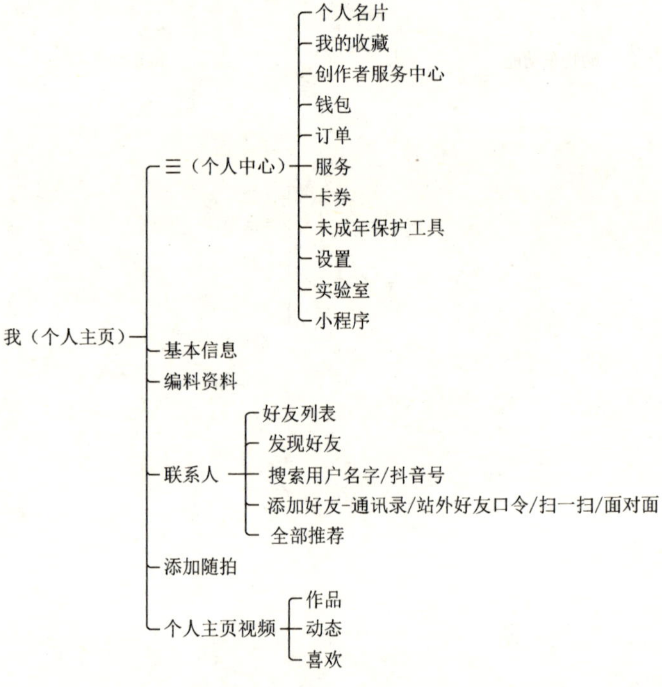

图 1-13

抖音的5个一级菜单设置得都很合理，操作非常简便，浏览、拍摄两大主流功能都是一触即达的，几乎没有累赘的部分。

无论是浏览还是拍摄视频，视频都占满了整个屏幕，整体界面为竖立向全屏播放，其他的信息则简洁地展现在视频界面的边缘，因此用户无论进行转发、评论、点赞，或上下滑动播放新视频，都能不间断地享受良好的沉浸式体验。

1.3.2 抖音的主要功能

抖音的主要功能如图1-14所示。其中，浏览功能、拍摄功能、编辑功能、互动功能为通用功能，直播功能和购物车功能为权限功能。

图1-14

浏览功能的使用对象主要为内容消费者，这是最主要的功能，拍摄功能、编辑功能、直播功能、购物车功能的使用对象为内容创作者，互动功能则是内容消费者与内容创作者共同使用的功能，但抖音中的即时互动性较弱（如图1-15所示）。

1. 浏览功能

绝大多数用户使用的都是抖音的浏览功能，此功能的入口最多，其入口有以下位置：

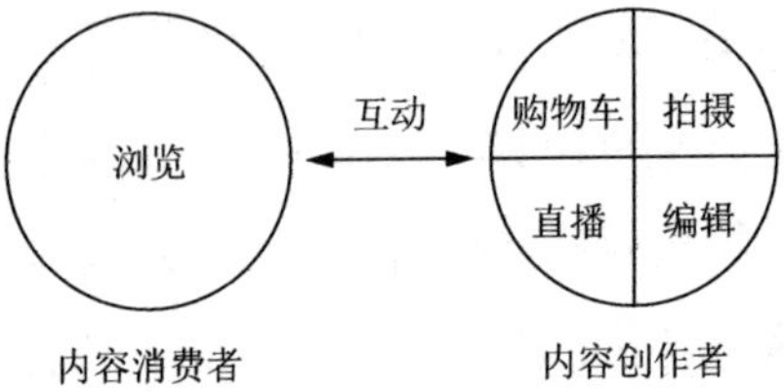

图 1-15

1）首页

进入 App 首页即可浏览，短视频以信息流的方式展现，系统会自动推荐视频内容。首页中的“推荐”模块和“关注”模块，都是视频内容。“推荐”模块会展示系统推荐给你的视频，“关注”模块会推荐你关注的抖音号发布的视频。

2）同城

点击“同城”模块，你会看到同城的视频。

3）用户主页

进入用户主页，我们可以看到该用户发布的所有视频的列表，同样可以点击其中一个进行浏览。

2. 拍摄功能

抖音 App 的“随拍”与“+”都具有拍摄功能。“随拍”的定位是随手拍摄，记录生活，并分享给好友，仅互相关注的好友可见，并在 72 小时后仅自己可见，更私密。而“+”拍摄则是公开化的，视频在发布后如果不处理，就会一直展示。

1）随拍

随拍更具有社交属性，类似于 QQ 中的“说说”。点击“我”（个人主页）中部的“添加随拍”按钮，可以进入随拍界面。随拍分为文字、普通、反复、聚焦四种模式（如图 1-16 所示），可使用道具，可上传视频或图片，功能使用更简易，拍摄后可以进行简单编辑并发布。

2）+

点击“+”按钮可以进入拍摄界面，在拍摄界面可以选择上传已有的视频或图片，或者按底部红色圆圈按钮进行拍摄，拍摄模式又分为拍照、拍 60 秒、拍 15 秒、影集、开直播（如图 1-17 所示）。

图 1-16

图 1-17

在拍摄界面还有许多辅助拍摄视频的按钮，如选择音乐、翻转（前后摄像头）、速度关、滤镜、美化、倒计时、闪光灯、道具等。

3. 编辑功能

完成了视频的初步拍摄或上传后，进入视频编辑界面（如图 1-18 所示）。视频编辑界面主要分为声音、视觉两个细分模块。

图 1-18

1）声音

编辑声音类内容的功能按钮，主要是位于该界面左下角的“选配乐”按钮，点击该按钮进入声音编辑子界面，有“配乐”和“音量”两个选项，如图 1-19 和图 1-20 所示。

(1) 配乐：点击“推荐”选项下的“更多”按钮，进入音乐库。音乐库中有各种类别的歌曲和各项榜单可供挑选，点击“收藏”按钮可以选择自己收藏的音乐，点击“剪音乐”按钮可以左右滑动截取已选配乐的所需片段。

（2）音量：调节原声和配乐的音量大小。

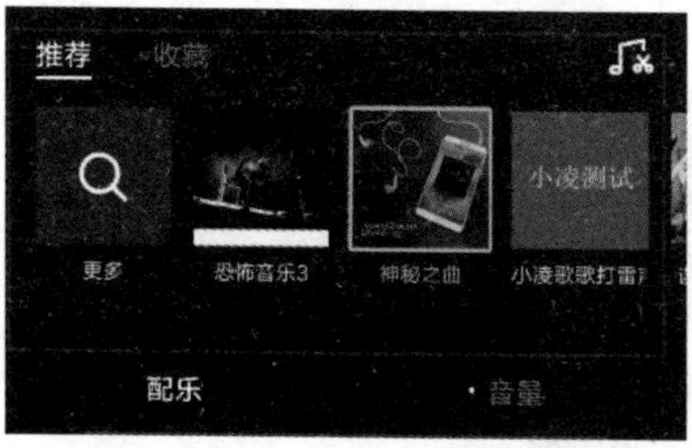

图 1-19

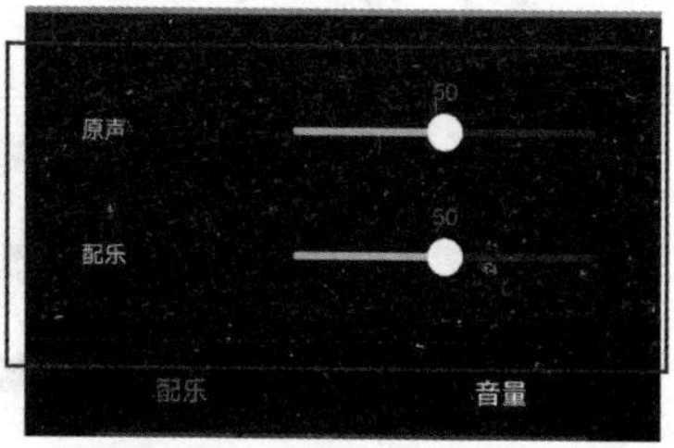

图 1-20

2）视觉

编辑视觉类内容有 5 个功能按钮（如图 1-21 所示）：视频编辑界面右上角有“画质增强”“滤镜”按钮；视频编辑界面下方有“特效”“文字”“贴纸”3 个按钮。

图 1-21

（1）滤镜：滤镜分为人像、风景、美食、新锐（如图 1-22 所示），点击“滤镜”按钮即可使用。

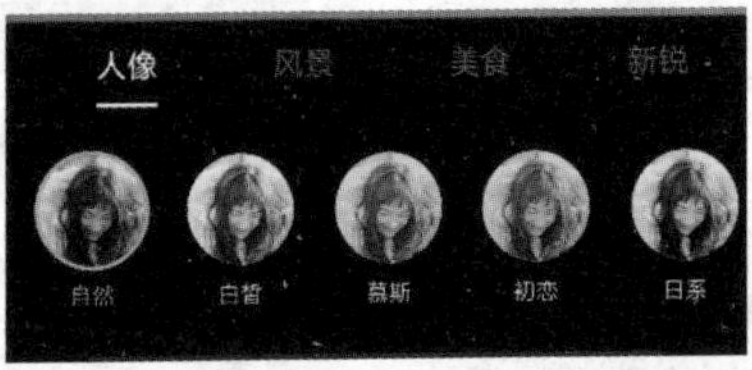

图 1-22

（2）特效：特效分为滤镜、识别、分屏、转场、时间（如图 1-23 所示），根据特效使用说明，在需要使用特效的位置，进行相关操作（长按/选择时间/点击）即可使用。

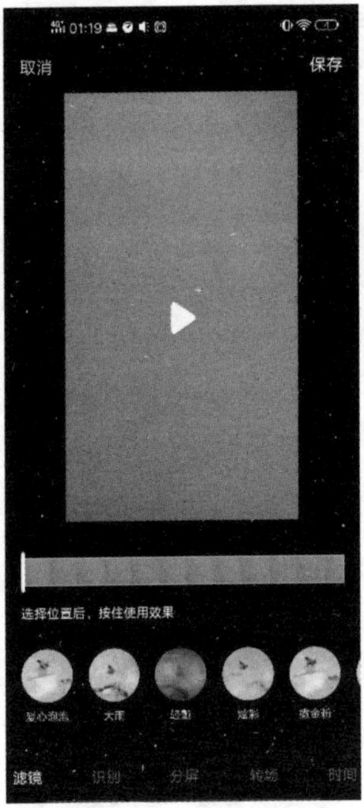

图 1-23

(3) 文字：可以在视频上添加各种字体和颜色的文字（如图 1-24 所示）。

(4) 贴纸：分为贴纸、表情（如图 1-25 所示），贯穿于整条视频，长按移动即可调整位置，点击后可以用手势调整大小与角度，长按上滑时上方出现垃圾桶图示可以删除。

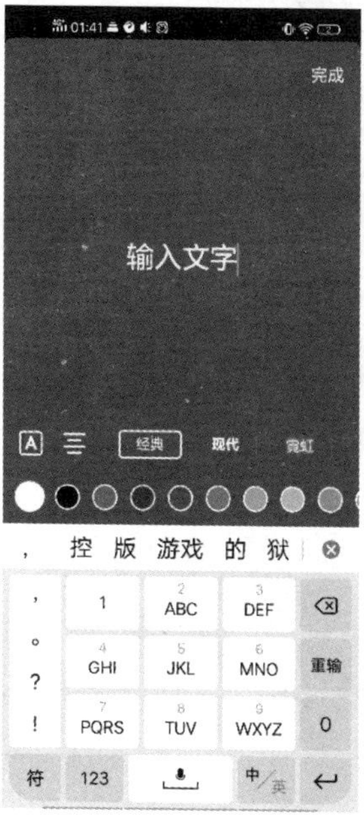

图 1-24

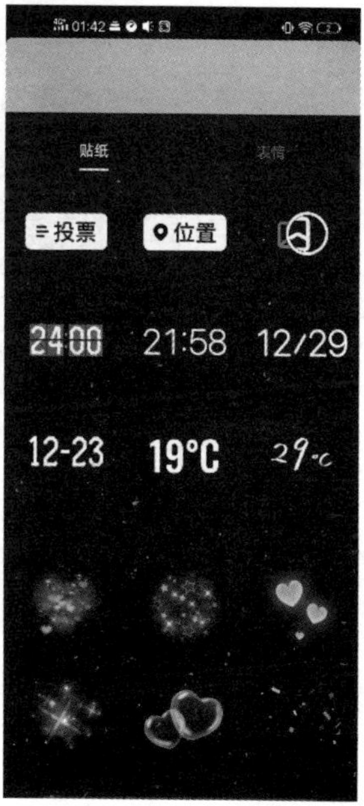

图 1-25

3）发布

完成以上的视频编辑步骤后，会进入视频发布界面，如图 1-26 所示。该界面主要有以下功能按钮：

图 1-26

（1）选封面：可以滑动以选择封面。

（2）标题：标题文字的限制字数为 55 个以下，包含“#话题”和“@好友”的字数。

（3）#话题：可以增加与视频相关的话题，会出现在该话题列表中。

（4）@好友：添加发布后，用户点击@好友，可进入该好友主页。

（5）添加位置：可选择不添加位置，若选择添加位置，视频则会被优先推送给相关地域的用户，出现在“本地”一栏中。

（6）谁可以看：可以选择公开、好友可见、私密三个隐私维度。

（7）草稿箱：视频将保存在草稿箱。

（8）发布：可以发布视频。

4. 互动功能

互动功能分散在 App 的多处，用户在使用浏览功能时常常可以轻松地互动，互动的形式包括关注、点赞、评论、转发等。

（1）关注：位于首页、主页。

（2）点赞、评论、转发：位于首页及关注页，针对视频内容。

（3）保存、收藏、不感兴趣：当视频播放时长按出现，位置比较隐蔽，点击“收藏”按钮后，该视频内容在“我”头像右边的星形按钮中可见，收藏的视频还可按地点、话题、音乐、道具分类管理。

（4）查看消息、私信：位于消息页，可以查看自己得到的关注、点赞、评论、转发信息，以及好友发送的消息。

（5）加好友：点击底部菜单栏的“我”按钮，进入个人主页，点击个人主页右上角带加号的头像图标，可以查看好友列表，并搜索、添加好友。

5. 直播功能

直播是目前抖音“网红”可以直接变现的方法之一。

直播的发起需要申请权限，有一定的门槛，对粉丝数与视频发布量有一定要求，满足条件者可以在后台进行申请，申请通过即可使用。直播页面中有关注、消息、分享、打赏的细化功能。如何开直播如图 1-27 所示。

首页右上角的“live”按钮就是抖音的直播观看入口，点击后出现一排头像，首个是直播广场入口，点击进入直播列表，可以自由选看，后方是按品类推荐的当前直播中的账号。

如果你当前正在直播，那么视频播放界面和主页界面的头像也会显示直播图标，同样是直播入口。

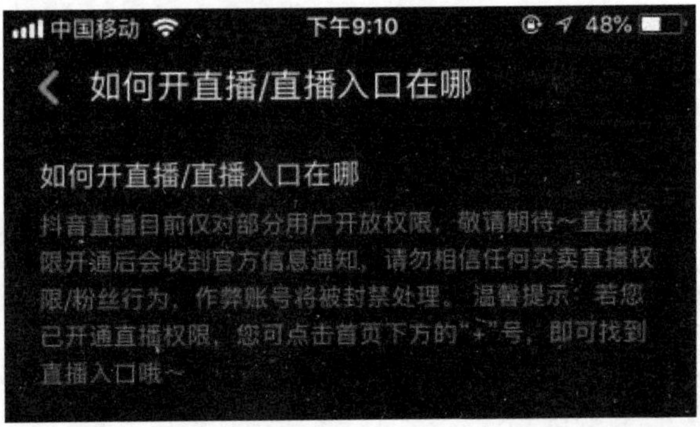

图 1-27

6. 购物车功能

购物车是在抖音中进行电商变现的方法之一。用户可以通过短视频、直播中的购物车按钮，跳转到该账号主体的商品链接，达成消费行为。

抖音的购物车更像一个连接点、一个中转点，将用户与商品进行连接。与在电商平台中的店铺购买商品不同的是，抖音购物车中的商品可能来自多个不同的淘宝店，可以不是一家店铺的商品。

购物车功能的使用同样需要申请，只有拥有该权限方可使用。

在一些视频的左下角，用户可以见到购物车图标，点击即可打开商品购买链接。拥有该权限的账号主体在发布视频时增加相应商品的购买链接，视频在发布后会出现文字链接，用户点击该文字链接可以跳转到购买链接。

在一些直播的右下角，用户也可以看到购物车图标。拥有该权限的账号主体在进行直播时右下角会有购物车图标，用户点击该图标同样可以跳转到购买链接。

1.3.3　核心功能的使用流程

1. 浏览功能的使用流程

浏览功能的使用流程如图 1-28 所示。

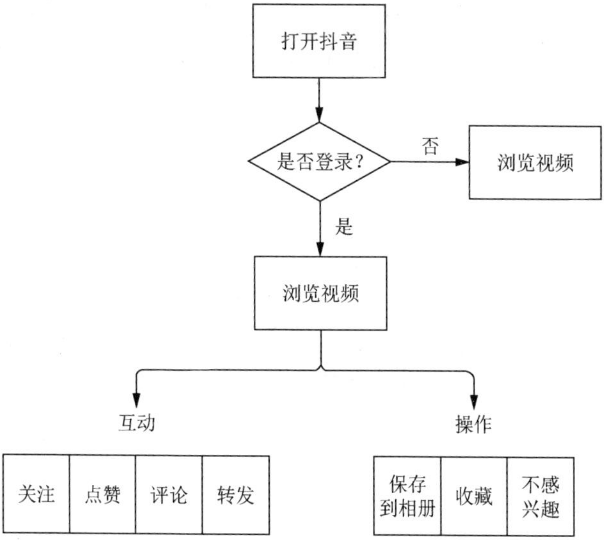

图 1-28

2. 拍摄功能的使用流程

拍摄功能的使用流程如图 1-29 所示。

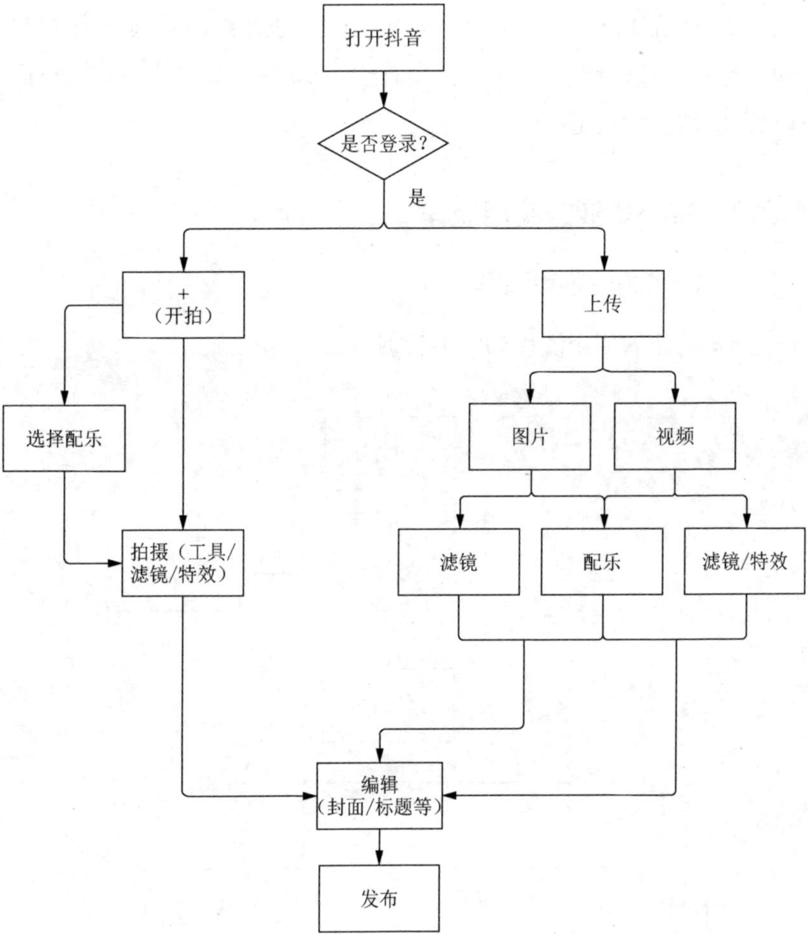

图 1-29

1.3.4 核心逻辑

1. 抖音与内容消费者、内容创作者的关系

抖音与内容消费者、内容创作者的关系如图 1-30 所示。

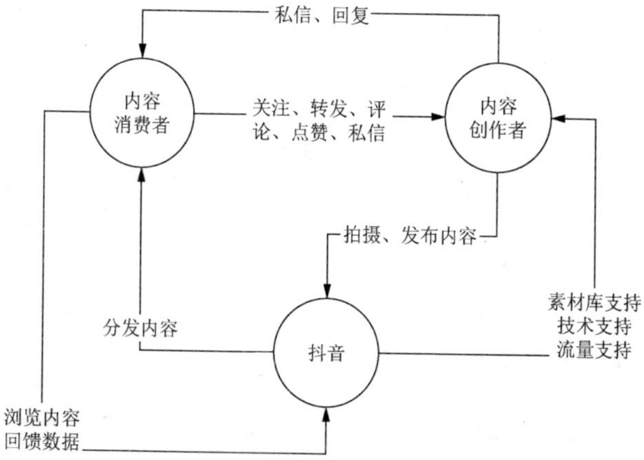

图 1-30

2. 社区内容逻辑

社区内容逻辑为 PGC+UGC 的紧密结合，内容为平台与用户共同创作。

PGC 的质量高却无法量产，UGC 的产量大但是质量良莠不齐，而抖音这种两者结合的模式完美地解决了这个问题，给用户提供了一个超大的素材库和灵感库，让用户生产内容成为共同的素材库，同时大大地降低了拍摄门槛，激励用户创作，如图 1-31 所示。

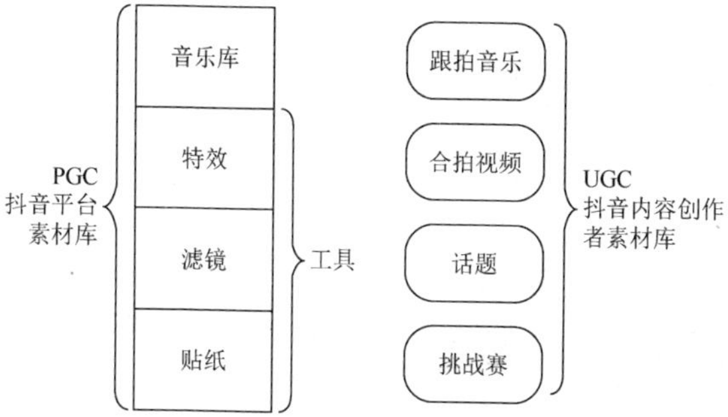

图 1-31

第一，平台方提供了一个 PGC 音乐库，把普通人在专业音乐上的困难解决了，基本上对嘴形就可以拍出一条视频。

第二，把 UGC 吸纳进抖音的素材库中，这是抖音内容如此丰富的原因之一，抖音中的每个原创配音都能让其他用户进行“跟拍”使用，同时抖音还鼓励“合拍”，每个抖音中的原创内容都进入了抖音巨大的素材库中，每首原创音乐都有独立页面，这既是对原创者的激励，又解决了大多数用户的创作难题。

第三，话题、挑战赛本身也是一个素材库，为用户提供了创意来源，大大地降低了创作的门槛，抖音本身鼓励用户参与热门话题。热门话题也有更多的曝光入口，更可能加大流量。

第四，贴纸、滤镜自然也是一个素材库，且常常更新，给用户不少惊喜。使用工具更容易获得系统流量推荐，所以用户更愿意使用。工具是用户拍摄的灵感来源之一。

一条抖音短视频的配乐可以是抖音平台或其他账号提供的，主题也可能是平台其他账号发起的话题或挑战赛，拍摄不仅简易，还能使用系统丰富多样的工具。因此，对于抖音短视频而言，一条视频可能是用户与平台、其他用户共同创作的结果。

1.3.5 抖音产品的亮点

1. 随机内容推送

抖音的随机内容推送减少了用户的选择困难，让用户不需要思考即可流畅地浏览内容，精准的算法根据用户的喜好进行相关推荐，让用户更愿意浏览内容。

2. 拍摄工具

抖音的拍摄功能容易上手，自带的美颜滤镜让普通人也能达到“网红颜值”的效果，大大地提升了用户自我展示的信心。丰富多样的玩法、特效、滤镜、贴纸等让用户轻松地拍出手机拍不出的效果，让拍摄视频也成为一件容易上瘾的事情。

3. 音乐

抖音的音乐有两种，一种是抖音官方音乐库中的音乐，另一种是其他用户原创的音乐。这两种音乐都能为普通用户所用，大大地降低了创作的难度。

4. 话题/挑战

话题/挑战是巨大的素材来源，也是创作的灵感来源，可以引发用户们积极创作。

1.4　谁占据了抖音的头部流量

1.4.1　“网红”达人：顶起半边天

在 2019 年 9 月中旬的一个抖音“网红”榜单中（未剔除重叠粉丝数），粉丝数排名 TOP 30 的“网红”总计约有 8 亿人关注，已经超过了抖音 5 亿个月活跃人数，TOP 50 的“网红”总计约有 10 亿人关注，约是抖音月活跃人数的两倍，这还没有计算明星类的抖音号。

TOP 50 的超级“大 V”的内容主要分为才艺、段子剧、垂直内容三大类（如图 1-32 所示）。其中，17 个“大 V”的内容为才艺，且大部分为高颜值帅哥和美女，粉丝数占比为 39.08%；10 个“大 V”的内容为搞笑段子剧，粉丝数占比为 19.54%；垂直内容则占了

41.38%，有 3 个美食类内容，3 个萌宠类内容，2 个情景剧，2 个创意类内容，政务类内容、游戏内容、美妆内容、推理剧、旅游内容等各 1 个。

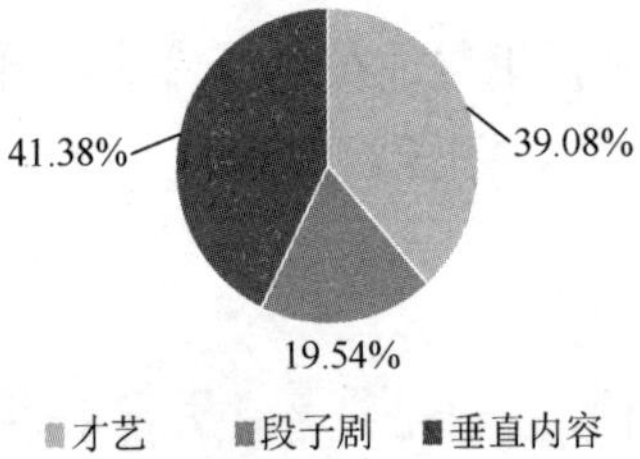

图 1-32

1.4.2 明星账号：流量源泉

在 2019 年 9 月中旬的一个抖音明星榜单中，粉丝数排名 TOP 30 的账号总计约有 6 亿人关注，粉丝数排名 TOP 50 的抖音明星总计约有 7.4 亿人关注。

2019 年 7 月 30 日，电视剧《亲爱的，热爱的》的主演李现入驻抖音，5 分钟粉丝数就突破了 100 万个，凭借 2 条视频仅在 1 个月内就吸引了 2000 多万个粉丝关注。

明星本身自带流量，明星账号实际上是抖音吸引流量、保持用户源源不断增长及活跃度的“神器”。

1.4.3 头部用户：核心关注

1. 关于头部用户

粉丝数过万的用户仅占 4.7%，也就是在 100 个用户中只有不到 5 个用户拥有超过 1 万个粉丝，然而这些用户在抖音平台的总用户覆盖率却高达 97.7%，几乎覆盖了全平台用户。

2. 关于头部视频

播放量超过 50 万次的视频在抖音平台里的视频占比不足 3%，却攫取了平台 80%以上用户的关注和参与。

由此可见，在抖音中实际上极少量的头部用户占据了大量的粉丝资源。

第 2 章

抖音号建设的制胜关键

2.1 抖音号建设的阶段与核心

2.1.1 抖音号的生命周期

要想成功打造抖音号，实现曝光、变现目标，必须要将抖音号当作一个产品，对于计划打造出千万量级粉丝的超级“大 V”和有较高目标要求的团队更是如此。

一般而言，我们把一个抖音号的生命周期分为 4 个阶段，如图 2-1 所示。

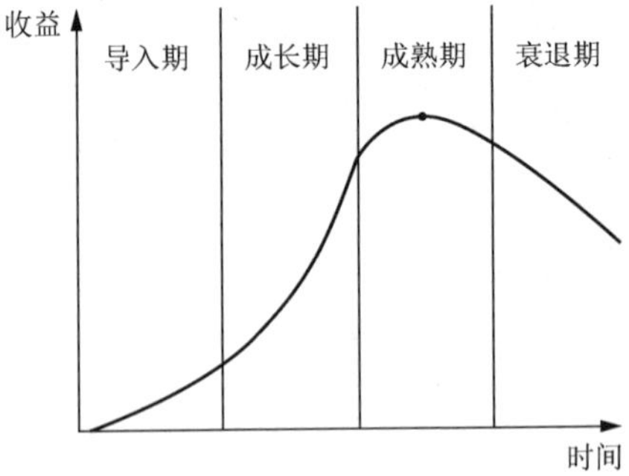

图 2-1

1. 导入期

导入期是抖音号从无到有、从零到进入大众视野的阶段，所以导入期的重要性不言而喻。导入期就是打基础、确定大方向的阶段。

2. 成长期

成长期是账号快速发展、团队高速成长的阶段，是粉丝数增长、内容积累、资源拓展的阶段。

3. 成熟期

在进入成熟期后，账号粉丝数的增长已经变得缓慢，甚至已经开始停滞，此时我们应该把变现作为主要的目标，进一步挖掘账号的变现能力。

在抖音平台上，长期位居榜首的“♥会说话的刘二豆♥”的粉丝数维持在 4300 多万个的时间已经不短了。与此相似，一些较早进入抖音平台的超级“大 V”，在粉丝数达到千万量级后，其粉丝数的增长也已开始疲软。

这并不难理解，毕竟粉丝数增长的空间是有限的。运营者可以做的就是尽可能使粉丝数增长的“天花板”变得更高。

在成熟期，我们要加大推广资源的投入，持续累积内容素材，全方位挖掘变现的方法，主动调整，使成熟期延长，延续变现时间和变现能力。

4. 衰退期

衰退期的表现是粉丝数负增长，变现能力变弱。

任何产品一旦进入衰退期，就很难掉头，甚至很可能面临市场的淘汰，抖音号也是一样的，因此我们应该抓住导入期、成长期、成熟期这 3 个阶段，真正实现曝光或变现。

2.1.2 打造抖音内容产品的3个阶段

抖音作为一个短视频、社交、音乐等多种元素融合的平台，内容是其最强属性，如果没有好的内容支撑，就没有抖音的高速发展。

虽然抖音号的运营门槛较低，但是要成为拥有数十万、百万，甚至千万个粉丝的抖音号，成为亿万个流量的头部账号，甚至具有高变现能力，绝非易事。对于普通的内容创业者而言，如果没有核心的内容竞争力，很快就会被踢出市场。

运营一个抖音号就是做一个内容产品，要想持续做出影响力，成为具有变现能力的账号，还要讲究阶段性策略、精耕细作的运营。

那么，如何从 0 开始建设抖音号呢？

我们要以内容为核心，在导入期、成长期、成熟期这 3 个重要的阶段，抖音号建设的目标如表 2-1 所示。

表 2-1

阶段	目标
导入期	打造内容产品，探索账号定位，探索可持续化的创作模式
成长期	形成内容模板，内容产出要流程化、规范化，夯实、积累内容素材及粉丝基础，不断地打磨细节，尝试变现
成熟期	保证优质内容持续产出，同时，深度挖掘变现方法，提升变现效率与能力

2.2 导入期：定位决定天花板

在抖音平台上，精准、优秀的内容定位会赋予账号巨大的爆发力，账号从 0 到 100 万个粉丝可能仅仅需要个位数的优质视频，甚至仅花费短短不到一个月的时间。

在导入期，我们需要协调人、事、资源，具体如图 2-2 所示。

人	事	资源
• 团队搭建 • 团队分工	• 阶段目标 • 策略制定 • 内容定位 • 试运营	• 推广资源 • KOL • 多平台推广

图 2-2

2.2.1 为什么说定位决定天花板

定位，在一定程度上决定了一个账号的粉丝数和变现的“天花板”。一个优秀的定位，加上优质的作品产出，完全有可能使账号后来居上，弯道超车。

定位就是选择触达的人群范围，选择用户基数、触达效率、转化效率，间接地影响了账号变现的效果。

1. 定位就是筛选目标人群

如图 2-3 所示，我们在定位时经常犯两种错误。一种是定位过于宽泛，这将导致宣传低效，大大地浪费推广资源；另一种则刚好相反，定位过于狭窄，从一开始就选择了目标人群中的核心客户，排除了一般客户、潜在客户和非客户，导致接收人群过窄、目标群体的基数过小，最终虽然可能达到了传播或变现的精准度，但是故步自封，缩小了发展的空间。

定位无论是过宽还是过窄，都是没有把资源投向合适范围的群体。

全球营销大师艾·里斯的《定位：争夺用户心智的战争》中有一句话，“公司犯的最大的错误就是试图满足所有人的需求，即人人满意陷阱”，企业品牌的定位就是筛选目标人群，将价值观精准地传播给对应的消费者。

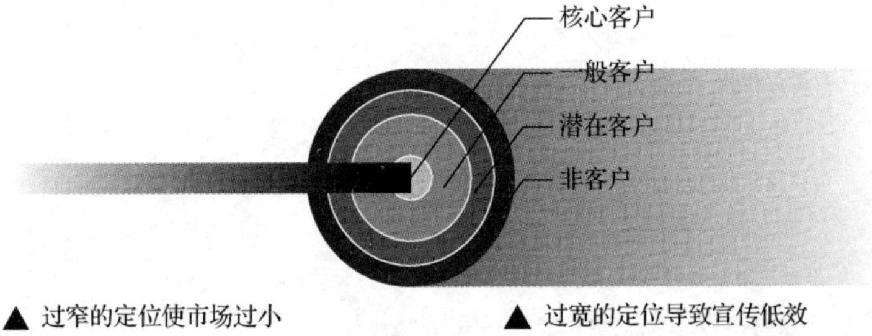

图 2-3

抖音号的定位也是一样的，定位决定了接收我们的信息的对象是谁。我们并不需要把信息传播给所有人，只需要把信息传播给我们的目标人群。

2. 简单的定位才易触达用户认知

1956 年，美国心理学家乔治·米勒(George A. Miller)发表了一篇关于短时记忆的论文《神奇的数字 7±2：我们的信息加工能力的限制》，明确提出了普通人的短时记忆容量只有（7±2）个单位，也就是 5～9 个数字、单词、字母、无意义音节等组块。这个结论后来被多次实验证实了。

基于人的大脑结构与运作水平，越复杂的信息越难被用户记忆。尤其在数十秒长度的抖音视频里，我们传递给用户过多的信息，反而会给他造成一种负担，无法给他留下统一而深刻的印象。因此，对抖音内容产品的定位，我们应该切记少就是多。

例如，“代古拉 k”的定位就是一个笑容甜美的舞蹈达人，这几乎在她的每一条视频中都能体现，她给所有用户的印象是简单的、统一的和直接的，并没有过多的元素去打扰用户。

很多时候，打动用户只需要一个让他记忆深刻的点，比如可以是一个表情、一句口头禅、一个招牌动作。

3. 内容定位与变现不可断层

很多企业或自媒体在开始运营抖音号时，过分追求粉丝数而忽略了对变现的考虑。期望获得大量粉丝的想法固然无可厚非，但盲目追求粉丝数而不求质，生产内容为了博眼球而不为用户负责，甚至不惜代价哗众取宠，根本不能在粉丝心中树立起稳定、良好、专业的形象，因而大大限制了变现能力。

还有的运营者，抱着走一步看一步的想法运营抖音号，忽略了长远变现的打算。他们认为可以先积累粉丝数，再考虑变现，然而在账号运营了一段时间后，却可能发现账号的变现能力非常弱。甚至有的账号的视频内容与营销的产品完全是分割的，结果不仅变现效果很差，还使粉丝感到非常不满。在这个时候，运营者要想调整定位，改变用户心中的形象，不仅难度非常大，而且成本也很高，可能还不如重新运营一个新账号。

抖音号的粉丝多，并不等于变现能力强，尤其对于企业而言，要将粉丝转化为用户，可能还有很长的一段距离。我们在注册账号之前就一定要考虑变现的问题。

一个抖音号变现能力的上限，在很多时候是由定位决定的。

对于企业而言，如果你的抖音号的定位与产品的相关性太弱，那么变现效果必定会大打折扣。任何不服务于品牌、不服务于产品的创意，都是无用功，传播与品牌毫不相关的信息，并不能创造任何价值。

对于自媒体账号而言，如果你的抖音号的定位不能让用户产生很强的情感认同，用户黏性太弱，那么广告效果会很差。

企业账号和自媒体账号的定位如图 2-4 所示。

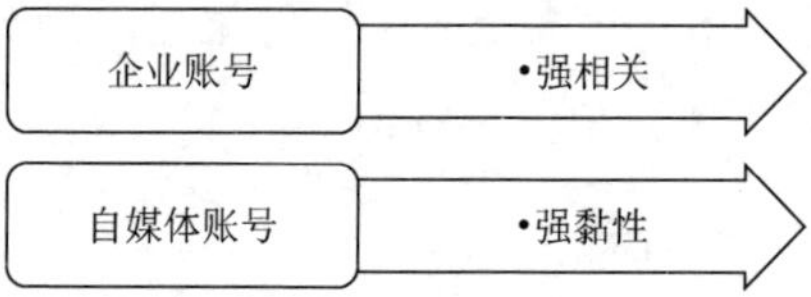

图 2-4

4. 定位影响系统的个性化推荐

账号的内容影响了系统个性化推荐的分发对象。

抖音具有强大的算法、智能化和个性化的推荐机制。无论是发布或浏览视频的抖音号，还是视频内容，都会被贴上相应的标签，如图 2-5 所示。

图 2-5

一方面，创作者的自我介绍，发布的视频内容的标题、话题、画面、音频等都会被系统识别并贴上标签；另一方面，用户在浏览视频时，同样会被系统记录相应的信息，如记录用户观看、点赞、评论、转发、停留时间的信息，然后，系统根据用户的喜好和习惯，后续为用户推荐相关的内容。

因此，你只要坚持你的定位并持续输出内容，就可以不断地强化你的标签，并在该类型的内容上提升被推荐的权限，这样系统就会优先将内容分发给具有相应标签的用户，使营销更精准化。

2.2.2 定位要注意什么

如图 2-6 所示，定位抖音号需要注意以下几点，下文将详细展开讨论。

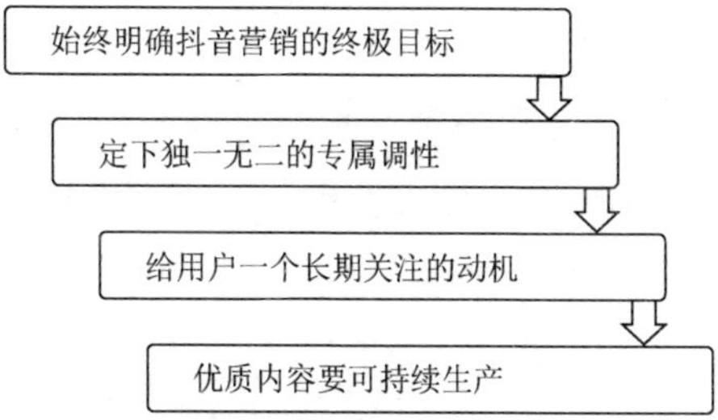

图 2-6

1. 始终明确抖音营销的终极目标

如图 2-7 所示，在对抖音号的内容进行定位之前，我们要先思考运营抖音号的终极目标是什么。

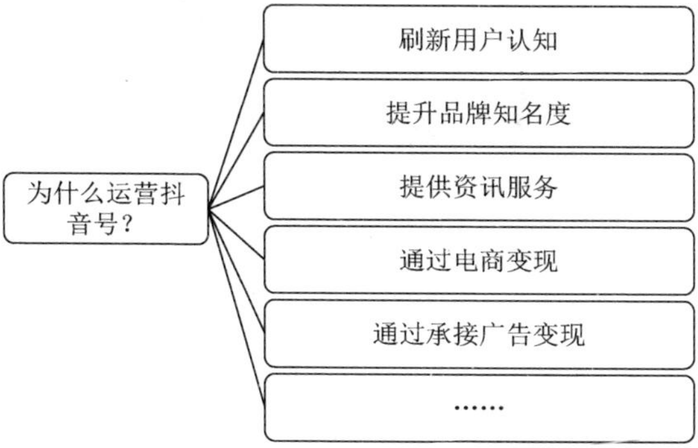

图 2-7

运营抖音号的目标是刷新用户认知、提升品牌知名度、提供资讯服务，还是变现？我们一旦选定了主方向，就要坚持下去，这样才能达到营销效果。

案例一：王老吉品牌年轻化营销——刷新用户认知

近年来，知名凉茶品牌王老吉进行了品牌年轻化战略调整，在面向“90后”“00后”群体的年轻化营销上下足了功夫，而作为年轻人集聚的抖音平台，也成为其重要的发声口之一。

2018年12月，王老吉邀请了抖音“95后网红”“斯外戈”联合发起了挑战赛“#吉是所有美好的开始”（如图2-8所示）。短短20天，王老吉就收集到了2914个参赛作品，这些作品获得了2.6亿次播放。

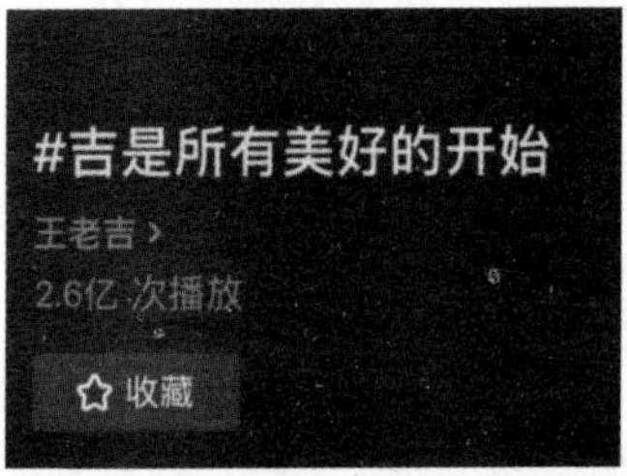

图 2-8

参与挑战赛的不乏年轻的创作者，比如以手指拟人化创意为特色的“王蓝莓”，风格搞笑、有趣的“花一村”……他们都用自己的方式解读了多元的“吉文化”，用年轻人喜欢的潮流方式推广王老吉。

同时，王老吉品牌推出了主题曲《吉运当头》，由“斯外戈”演绎，其中的说唱、舞蹈都充满了年轻和潮流的元素，歌曲风格轻松，舞蹈也简单易学。这着实令人眼前一亮，又一次刷新了用户对这个拥有190年历史的老品牌的认知。

2019年1月，王老吉又推出了挑战赛“#开启美好吉祥年”（如

图 2-9 所示)，随着春节渐近、年味加浓，再火了一次。

图 2-9

这次挑战赛，除了《吉运当头》主题曲，还有抖音趣味的贴纸和礼包挂件的加持，通过声音、视觉、春节氛围给人沉浸式的体验，不仅更好玩，参与的门槛也更低了，不少用户自发地参与到“吉祥年”主题的传播中。

这次挑战赛的播放量高达 41.9 亿次，可见传播力之大、覆盖范围之广。

王老吉专属的红包挂件可以链接到其天猫旗舰店，用户在看视频、参与拍视频的同时，也能一键跳转购买，从看视频到购物的流程顺畅，更能刺激销售转化。

案例二：“设计帮帮忙”，为用户提供资讯服务的家居“大 V”

“设计帮帮忙”是一个 2018 年 7 月注册的账号，短短 20 天粉丝数就突破百万个，到 2019 年 2 月已成为拥有超过 600 万个粉丝的家居“大 V”，其名字、介绍、内容都紧紧围绕为粉丝提供家居资讯服务的内容定位。

打开“设计帮帮忙”的主页，你会发现每条视频的封面都是一个家居主题，例如，“不足 7m^2 的小卧室怎么装？”“收纳强大的玄关设计方案”“$4m^2$ 的卫生间如何合理分区？”……主页上一个个主题封面整齐排开，汇集起来便形成了一个目录。账号的内容就像一本家居百科全书，用户在有家居疑问需要解答时，便可以通过“目录”快速找到自己想看的视频内容。

从规划齐整、字体设计风格统一的目录，以及账号的名称、介绍中可见，“设计帮帮忙”从一开始就定位十分清晰——为用户提供家居资讯服务，并且坚持稳定产出优质的家居主题视频内容。这也是账号获得粉丝们青睐的根本原因。

2. 定下独一无二的专属调性

如果让你用一个词依次介绍“黑脸 V”“七舅脑爷”“忠哥”这几个抖音“大 V”的特点，那么你能否脱口而出？对于如图 2-10 所示的名字右边的“标签”，你是否认同呢？如果问你对“papi 酱”的印象，你会用什么字眼回答呢？

虽然这几个抖音“大 V”的风格各不相同，却有一个共同点——它们都有令人印象深刻的、与众不同的特点，它们的作品集都有统一的风格。

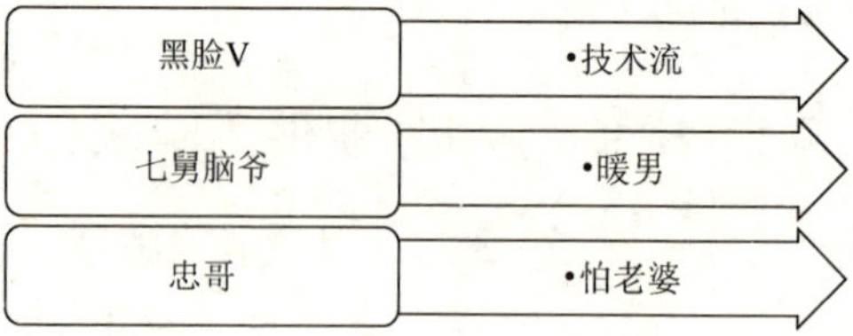

图 2-10

这些账号所具备的让人看一眼就难忘的独特风格、鲜明的个性形象，就是所谓的调性。它们都是运营者根据自身特点，结合运营目的有意为之的结果，让你一听到名字，就唤起了感性认知。

要想成为一个独一无二、占据用户脑海一隅的账号，你需要有自己的调性。

如何为账号定调呢？

第一步，你需要综合行业、品牌、产品、人物、营销目标等因素谋划。

如果你是自媒体，所受的限制就会少一些，可以以娱乐、轻松的调性为主。

如果你是企业，就要以品牌形象与风格、服务对象为重要的考虑依据。

一些较严肃的行业（如医疗、教育行业）不可过度娱乐化，不可误导大众，要选择合适的表达方式，做有价值的事情，这样才更容易被平台用户接受。只有坚持抖音平台倡导的原创、正能量，才更有可能获得平台的推荐。

抖音号的调性要如何打造呢？

当你已经设想、规划好一个抖音形象，想让它进入用户的大脑时，你需要紧紧围绕这个预设的调性，在内容的方方面面有具体的落地点，设置好一个个的个性化符号，全方位地强化想传递给用户的核心定位。

这些个性化符号的来源如图 2-11 所示。

例如，打造调性的个性化符号可以是十分抢眼的人物外形，如“多余和毛毛姐”用夸张的橘色假发给人强烈的视觉冲击感。

经典的 Slogan 也可以成为账号的个性化符号，如口红一哥“李佳琦 Austin”的经典语句“Oh! My god! 我的妈呀！太好看了吧”火遍了大江南北，其语言极具感染力，如“魔音”绕梁，带货能力十足。

图 2-11

账号的个性化符号甚至可以是人物的一个招牌小动作，如“美少女小惠”自信地用手指轻弹刘海的喜感小动作，令人忍俊不禁，无法忘怀。

一个人“传染”情绪的经典表情，也可以成为账号独具的个性化符号。如“怪了个兽”在《生活中那些让你绝望的小事》的系列视频中，生无可恋的表情着实令人哭笑不得。

这些细节看似简单，但往往是经过精心设计与大量练习的结果，一条几十秒的视频背后花费的往往是数天的准备与拍摄制作，“Oh! My god!”也要经过无数次练习才能达到“魔音”绕梁的效果。很多抖音号的爆发就胜在了这些极致的细节。

除了上述所说的，这些个性化符号当然还可以设置在视频的其他方面，如特色配音、拍摄手法、字幕、画面风格等，你可以根据你的定位与长处，挖掘这些小小的细节，打造出与众不同的调性。

但你要记得，所有的个性化符号都是为账号的核心定位服务的，不能满足核心定位的符号千万不要强加，否则会适得其反。同时，你也不必过多设计，以免给用户造成记忆负担。

3. 给用户一个长期关注的动机

有个别账号出现了这种情况：浏览量看似还不错，但是粉丝数却一直不多，或某段时间做出了“爆款”内容使得粉丝数增加，但很快浏览量和粉丝数就双双下滑了。这种内容火而账号不火的情况，实际上问题出现在关注环节上。

浏览视频却不关注账号的用户大概觉得这几条视频看一看还可以，但是并没有长期关注的理由，因为据我所获得的信息判断，不觉得后续你发的内容可能对我有什么价值。

问题的关键就在于用户没有产生长期关注你的动机。

所以，你如果想让抖音平台的用户成为你的粉丝，就必须先思考“用户关注你的需求是什么”这个问题。

我们先看看高关注率的案例。2019 年 1 月 30 日，“名侦探小宇”发布了首条视频，20 天内发布了 9 条视频，增长到近 892.6 万个粉丝，点赞量达到 2493.6 万次，我们可以理解成大约每 2.8 个点赞的人中就有一个人选择了关注，关注率极高。

为什么它能达到如此高的关注率呢？为什么在短短的 20 天，数条视频就获得了大量粉丝的关注呢？

首先，我们看看这个账号的简介（如图 2-12 所示）——帮女性远离伤害。其内容定位是提供女性自我保护方案。视频内容为通过真实的女性受害案例的情景再现方式，阐述生活中潜在的危险与解决方案，提醒女性提高自我保护意识，避免可能出现的人身伤害。人都有对安全的强需求，这就是用户的关注动机。

图 2-12

由此可知，要想获得高关注率，就要从用户需求出发去考虑，做真正对用户有价值的内容。需求人群越广，需求度越高，越容易获得高关注率。

一般来说，我们要考虑精神需求、实用需求、物质需求（见表 2-2）。

表 2-2

需求的种类	需求的内容
精神需求	获得快乐、缓解疲劳、愉悦、生活共鸣、猎奇、得到激励、自我实现的需求、荣誉满足
实用需求	解决问题、避免损失、学习知识与技能、学习有用的资讯
物质需求	得到奖品、获得优惠

你不妨在建号之前就想想：你的账号能满足用户哪些需求呢？是否足以使用户关注？

4. 优质内容要可持续生产

优质内容的可持续生产问题一直是自媒体发展的问题之一。这里有两个关键词，一个是优质，另一个是可持续，如图 2-13 所示。一旦出现重大错误，或者内容枯竭，耕耘多时的账号就很可能毁了，这是非常可惜的事情，也有一些前车之鉴。

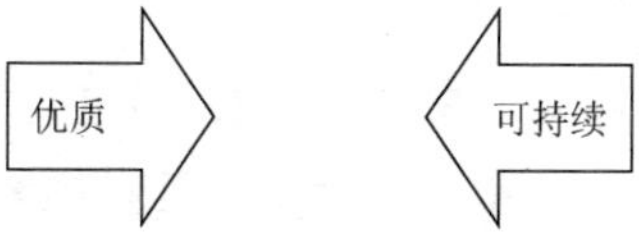

图 2-13

要想达到内容的“优质”与“可持续”，我们需要在进行定位时就结合自身团队、预算、场景、内容等思考这个问题，如图 2-14 所示。

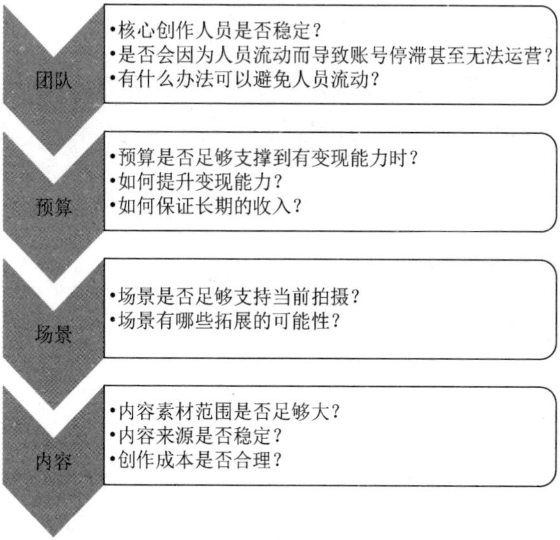

图 2-14

如果团队人员的流动性大，那么我们建议避免脸部出镜，可以参考“同道大叔”，使用面具、头套等，即使人员流失了，对整体的影响也不大。

如果团队不是专业的 PGC 团队（如 MCN 机构、文化传媒公司等），那么对于多人情景剧、动画片这些耗费人力和专业度高的形式，一般很难持续地产出优质内容。

在做内容定位时你就需要考虑内容生产的可持续性，可以提前梳理好内容的灵感来源、框架、栏目、可延伸内容等。

2.2.3 定位要灵活调整

在账号试运营一段时间后，你如果发现该账号的内容定位并没有成功地吸引到目标人群，就应当对内容定位进行调整了。不少抖音大号是在调整定位后才成功的，例如“多余和毛毛姐”前期的几条视频并没有特别火爆，直到出现了超级“爆款”视频后，才将定位持续。

如果你想快速地做出成绩，那么在条件允许的情况下也可以同时运营多个不同定位的账号，再根据运营的数据进行比对，选择定位更成功的账号专注运营。

2.2.4 内容定位表

在建号前，你就应当设想好账号信息、内容、人物、拍摄的细节，可以填充这样一张表格（见表 2-3）。

表 2-3

账号信息	账号名字	简单、有记忆点
	头像	直观、清晰
	封面	引导关注
	个性签名	一句话说明内容定位

续表

内容	内容方向	有较大的内容范围的方向
	内容栏目	符合用户需求的内容类别
	内容亮点或特色	形成鲜明的记忆点/剧本模板
	画面风格	视觉适宜/色调和谐
	语言风格	轻松/严谨
	传达价值观	要正向
人物	人物名字	易被记住
	人物外形	符合定位的设计
	人物个性	与出镜人要相符
	Slogan	形成记忆点
	人物标志	具有辨识度/简单
拍摄	拍摄地点	综合考虑布光和布景
	拍摄工具	拍摄像素/功能配置/相关道具要准备到位
	拍摄要点	提前计划/分工明确/严格执行/质量把控

2.3　成长期：规范化才能高效

在成长期，团队需要不断地研究抖音规则、优化定位、打磨作品、积累经验，引入更多的资源进行推广，并尝试变现。尤其当粉丝数已经破百万个后，账号已具有较强的变现能力，可以逐步加大变现的力度。

成长期也是团队高效成长的阶段，对于内部而言，是打磨技能、培养默契、提升团队协作能力的重要阶段。

2.3.1　全方位增强实力与提高效率

不少团队在最开始运营抖音号时是非常混乱的，账号的头像、封面、内容类型都是时常变动的，内部的沟通也经常不到位，导致无论是呈现给外部的印象，还是内部的工作，都是混乱而无序的，甚至整个账号的风格不统一，效率也比较低，这是很多没有经验的抖音号运营团队可能面临的问题。

在成长期，你需要全方位提升内容质量、提高产出效率、梳理运营策略，达到标准化、规范化、流程化，规避可能存在的风险，具体要做以下 4 件事。

1. 制定内容标准

内容标准包括内容来源、价值观要求、过程执行规范、发布规范要求等。

2. 形成内容模板

你要整理不同栏目的内容模板，要求简单、可操作化。

3. 完善高效的内容产出流程

你要根据团队、个人与业务的实际情况，梳理出具体的分工、对接流程等。

4. 梳理运营策略

你要规定发布内容的时间与数量、发布后的运营策略、变现方法等。

你在梳理运营策略后要形成相应的书面文档，及时向团队宣读。对于管理者而言，用这些清晰、明确的文档可以大大地减少团队的失误，也能减少自身管理的工作量与压力，还能减少因人员流动而造成的知识流失。

2.3.2 如何制定内容标准

制定抖音内容的标准有利于我们把控内容的一致性、质量与生产效率。内容标准要能覆盖从过程到结果等方方面面，要符合清晰、明确、可操作化的原则。

制定内容标准只是一个起点，最关键的是要严格地执行，并在执行中不断优化。

尤其对于团队共同创作的账号来说，要想提升效益，这绝对是必不可少的一个环节。大多数团队协作中最大的成本往往来自沟通，当一个视频作品需要编剧、演员、摄影师、剪辑师合作完成时，每个人都可能在不同方面有不同意见，如果没有提前约定好合作、执行的标准，彼此间沟通的成本会非常高。此时不如一起沟通、制定可操作化的标准，这样就可以大大地减少沟通成本，建立团队合作的默契。

首先，要制定价值标准，即根据自身情况约定内容的底线（如图 2-15 所示）。

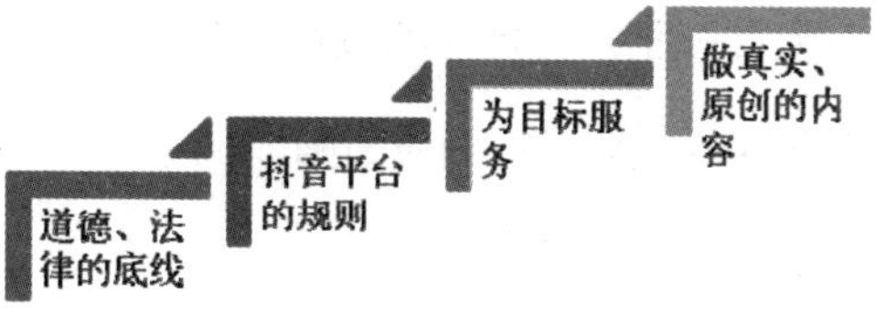

图 2-15

例如，（1）终极底线——道德、法律的底线——是一定不能触碰的；（2）抖音平台的规则是账号的生存线；（3）为目标服务，无关的内容不做；（4）做真实、原创的内容。这些在各个细化方向上制定。

其次，要制定审核标准，即每个环节要达到什么样的标准，才可以进入下一个环节。

例如，针对选题、拍摄、剪辑、发布 4 个重要环节制定相应的通过标准。

（1）选题：选题要符合账号定位，要满足热门、真实、原创的原则，表达应当清晰、精简，价值观要正确。

（2）拍摄：画面应当干净且美观，镜头要流畅而不抖动，拍摄素材要完整。

（3）剪辑：一般而言，整体的节奏宜快，配音与画面要同步，重点的内容需要突出表达，比如可以通过配音、字幕等强调。

（4）发布：标题中不应该有敏感词，文案与视频内容要相符，要检查视频是否播放流畅、内容表达是否清晰完整、视频的关键画面会不会被抖音的图标遮挡，如果有问题就应该重新修改后再发布。

最后，要制定执行标准，在过程中把控好内容生产的效率与质量，原则是具体可操作化。

如何制定执行标准？

我们要从审核标准进行倒推，尤其对于容易出现问题的地方要具体说明，相当于为目标制定可操作的细化方案。

例如，最基础的视觉要求：画质清晰，视觉聚焦于屏幕中央，重要内容不被遮挡，无噪点。

对应的操作方法：

（1）拍摄：统一使用 4K（即分辨率为 4096 像素×2160 像素）模式；关键内容在镜头上部 2/3 内，避免发布后关键内容被标题遮挡；避免夜间拍摄，提前布置灯光。

（2）传输：使用数据线传到电脑，避免因使用 QQ 或微信传输视频被自动压缩导致画质不清。

（3）封面模板：不要让标题被抖音右方互动区和下方标题区所

遮挡。

2.3.3　如何做内容模板

一般而言，我们把文章分为开头、正文和结尾 3 个部分，对视频而言也是一样的。

在开头处可以设置两种内容，一种是突出账号特性的内容，如 Slogan、自我介绍、宗旨等，另一种是开门见山对正文内容的引入，比如提问或者场景的引入。正文部分可以完整地展示要表达的内容。结尾部分可以引导用户进行互动（如关注、点赞、评论等），或者进行形象展示。这样三段式的内容模板能让用户有一种循序渐进的、完整的视频观看体验。

下面以丁香医生的《网红洗眼液真的有用吗？》视频为例，倒推整理这个内容模板，如图 2-16 所示。

内容部分	时间轴	时长	内容类型	形式	文案	表演需求	配音	画面效果	素材
开头	00—01:00f	1秒	封图	静态图片：标题+实拍背景	标题：网红洗眼液真的有用吗?	/	/	/	封面模板
正文	01:01—10:15f	约9秒	问题解说	真人视频	如果眼睛没有疾病就不需要使用洗眼液	/		/	/
					那些用网红洗眼液洗下来的东西	医生用右手呈托物状上举（必须用右手，否则视频被剪后会遮挡账号头像和互动区）	文案录音	在医生举起的手上PS一瓶洗眼液，上方再PS网上的淘宝信息，框出购买人数，闪烁突出	洗眼液图+淘宝信息图
					大部分都是结膜囊的分泌物；不洗自己也会排出去，而且我们的眼泪可以帮助清洁和修复	/		/	/
	10:16—12:15f	2秒	切换过渡		/	医生头部右倾45度，同时用右手扶住眼镜框，眨眼，微笑	“叮!~~”音效	眼镜冒光效果	音效模板
	12:15—15:25f	3.1秒	土味情话		我可舍不得洗眼睛，因为我的眼睛里有你啊	讲完后微笑	文案录音	动态表情包	动态图片
结尾	15:25—20:00f	约5秒	/	动态图片	/	/	配乐		表情包+音乐背景

图 2-16

你需要提前设置好内容的规范，比如：

（1）封面：建议根据企业 Logo 的色调做，要保持视觉效果的一致性，简洁干净，同时要注意避免发布后被右边的互动区域所遮挡，要制作成封面模板，后续只需要替换文字。

（2）标题：提炼简单、易懂的关键内容，建议字数为 12 个以内，尽量保持做成封面时为两行以内。

（3）正文：语言简单、易懂，建议控制时间为 30 秒以内。

（4）字幕：使用辨识度高的字体，字号大小适中，不被页面悬浮内容遮挡。

你会发现其实每次变动的只有红色部分，文案其实非常简单，只有百字左右，一天的产量完全可以高达数条，当规范清晰、同事之间足够默契时，有些表演、剪辑细节可能根本不需要浪费时间沟通，大大提升了效率。

2.3.4 如何梳理高效的内容生产流程

首先，我们要说说为什么需要高效的内容生产流程。

除了节省人力、物力快速地完成 KPI（关键绩效指标）的共同目标，还有一个重要原因——抖音平台为了激励积极创作的用户，内容发布频率高的用户更有机会获得更高的流量，发布视频的频率会大大地影响账号的权重，从而影响每条视频在发布时系统的推荐指数。

抖音的具体分发规则可能只有极少数内部人员知道，但是发布频率对内容的推荐度影响却是有迹可循的，一个经典的案例是因同一条视频发布了数千次而快速火爆，并获得了 300 万个粉丝的“陆超”。

高效地生产内容，在质量和数量上把握好一个平衡点，会让你的账号在系统中的评分越来越高，获得推荐也越来越容易。

那么，如何梳理高效的内容生产流程呢？（见表 2-4）

表 2-4

阶段	工作	具体内容
1	剧本	创作剧本
		调整剧本
		剧本审核及优化，直至定稿
2	拍摄和录音	拍摄视频
		录制配音
		检查并补拍素材
		素材审核及优化，直至素材确定
3	剪辑	选用素材并剪辑
		剪辑优化
		视频评审及优化，直至完稿
4	编辑和发布	编辑视频标题、封面并发布至抖音
		同步分发到快手、西瓜视频等平台
5	运营	互动：留言回复、粉丝互动等
		数据跟踪：查看播放量是否正常
6	复盘	日数据播报+日复盘
		提出优化策略并执行
		周/月/季节点性复盘

在视频制作的过程中，无论是创作剧本、拍摄，还是剪辑，每个环节都需要审核，且在审核完成后如果没有客观问题就要进入下一步的流程，这样做是为了保证效率，把握内容生产的节奏。有的团队非常追求完美，在下一个环节发现了上一个环节的非客观“问题”（例如，临时改变创意、想法要做优化），立刻重回上一个环节调整，这会导致效率低下，尤其在多人合作的情况下沟通的成本会越来越高，长期下来团队协作力会越来越差。这种情况应该尽量避免，对于没有原则性问题的情况，每个环节确认好就要进入下一个环节。

日常的视频制作可以按团队的实际情况进行分工，表 2-5 是 3 人团队的分工案例。

表 2-5

时间	编剧的主要工作内容	演员的主要工作内容	剪辑师的主要工作内容
上午 9:15—9:30	晨会：数据播报+简单复盘，分工，沟通		
上午 9:30—12:00	(1) 统筹当日拍摄，审核拍摄素材； (2) 发布已经准备好的午间内容，并统筹运营	出镜	拍摄 2～3 条视频的素材
下午 14:00—18:00	(1) 创作 2～3 个剧本； (2) 发布已准备的晚间内容并运营	配音	剪辑制作 2～3 条视频

一个小组有 3 个人，可以保证每日生产 2～3 条视频，这是非常高产的。在实际工作中，由于抖音号运营的部分细化工作难度并不高，我们也可以根据实际的工作情况进行灵活调整，在提升团队效率的同时，也能增强不同岗位人员的能力。比如，剪辑师兼做小角色的出镜工作，一些简单的拍摄工作可以由编剧负责，演员也可能会创作剧本，以能优质完成相应工作量为准。

如果你们的拍摄地点不在办公室，那么可以调整成一天的连续拍摄时间，可以根据需要调整。

如果你的团队配备的人员多于 3 人，有足够的能力运营抖音号矩阵，那么一个演员也可以出镜多个号，大大提升内容产出效率。你要注意内容需要至少提前 2 天准备，为审核、优化留点儿时间。

2.3.5 如何梳理运营策略

关键问题一：什么时间发布？

对于同样的内容，发布时间不同，效果的差距可能不是一点点。

抖音的视频在发布后，我们基本上在 1 小时内就能知道效果，所以选择用户浏览的高峰期发布很重要。

每天有两个高峰时间段，分别在 12 点～13 点半和 20 点～23 点，基本上是午饭时间和晚饭后睡前休息时间，这与微信、微博的用户使用高峰期基本一致。

关键问题二：有哪些提高效果的操作？

互动：在内容发布后 1 小时内积极、快速地回复粉丝评论，可以提高账号的活跃度，有助于增加内容的播放量。

音乐：选择热门、节奏快的音乐背景。

话题：参与热门话题，增加曝光的渠道。

……

2.4 稳定期：变现是终极目标

当账号的用户数量增加变缓，步入平稳，甚至开始减少时，抖音号就进入稳定期了。稳定期的主要目标是对用户进行留存与转化，毕竟对很多抖音号而言，变现是其终极目标。

2.4.1 抖音号如何变现

抖音号变现的方法目前主要有以下几种。

1. 电商变现

通过抖音平台的商品链接、购物车功能，链接到购物页面，实现电商变现。

如抖音号“老爸评测”，用户点击视频左下角的商品链接入口，可以进入商品的详情页面（如图 2-17 所示）。

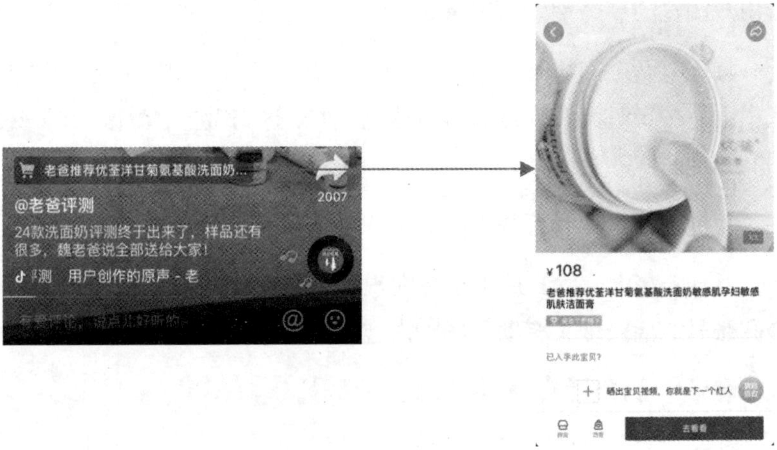

图 2-17

用户点击账号主页的商品橱窗入口，可以进入商品的集合页（如图 2-18 所示）。

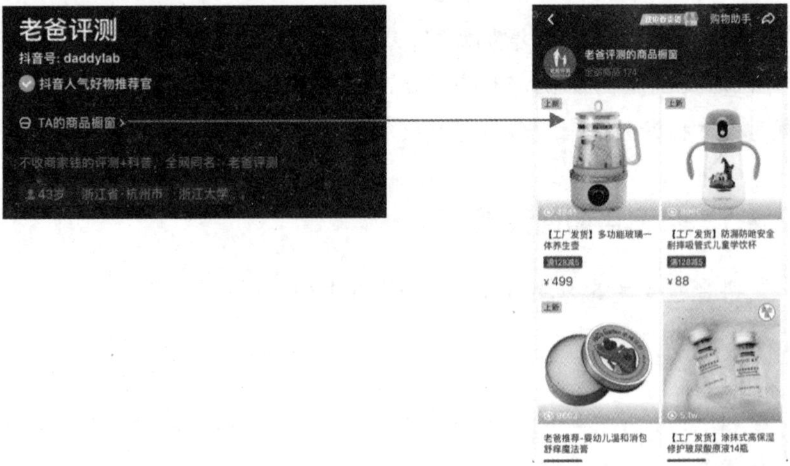

图 2-18

用户在观看直播时点击下方的购物车，可以进入商品的列表（如图 2-19 所示）。

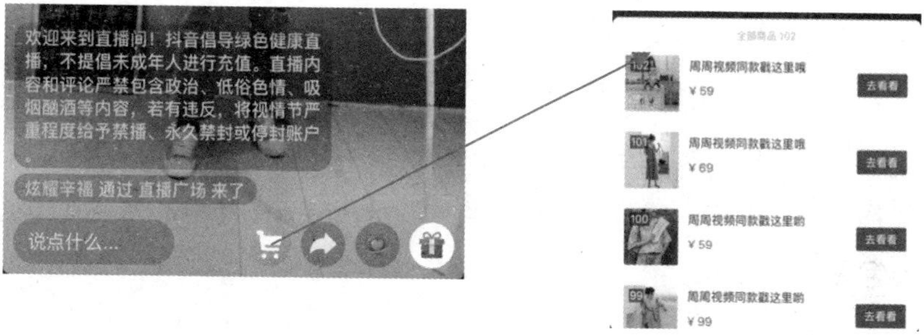

图 2-19

需要注意的是，内容如何与电商进行连接，必须考虑商品是否与自身的定位、受众相符，否则可能不仅电商效果甚微，还会对账号产生不良影响。

2. 广告变现

对于自媒体类账号而言，为商家提供广告是主流的变现方式，短短数十秒的一条视频就可能卖到数十万元，收获颇丰。其需求在于，不少商家为了推广产品会与产品形象相符合、面向群体相符的 KOL 合作，借助其人气、资源进行推广。

一般而言，抖音 KOL 发布的广告视频有两个来源：①视频由广告主提供，KOL 只发布而不创作；②视频由 KOL 为广告主量身定做并发布、推广。

目前市面上的广告视频以第二个来源居多。一方面，平台对广告的监控严格，若广告痕迹过于明显则不仅没有效果，可能还会导致账号被限流，对广告主和 KOL 双方都无益；另一方面，大多数抖音创作者具有内容创作能力，由他们创作更能迎合粉丝的胃口，而不是生硬地进行推广。

对于广告主而言，应当注意的是，这种方式的效果难以预估与保障，抖音号数量众多，需要特别甄选优质的对象，多方对比、考察账号数据的真实性及其创作能力，且效果更多在于品牌的曝光。

从一些账号广告报价的数据来看，单个粉丝的价格集中在 2～5 分钱，由于抖音中涉及的行业众多，价格并没有严格地标准化，也难以标准化。

3. 直播变现

直播的变现主要有三种。一是植入广告，广告主借助“网红”的人气进行商品的推广，“网红”收取广告费用；二是打赏、收会员费，粉丝在抖音平台上购买虚拟礼物和该“网红”的专属会员，这部分收入一般都由平台与“网红”主播一起分成；三是电商变现，这与淘宝直播相同，接入了购物车功能的账号，在直播的页面上有购物车的入口，例如一些服饰类的账号，“网红”主播可以直播试穿效果，粉丝可以直接购买相应的商品。

4. 整合营销变现

在很多时候，抖音营销是整合营销中的一个环节，达到变现的一个小环节。毕竟有不少商品并不一定适合在抖音中直接变现，即使在淘宝、京东这些成熟的电商平台上，也有很难转化的品类。

所谓整合营销，就是根据企业的实际情况与需求，把各个独立的营销板块有机地综合、协调起来，达成整体协同的营销效果。这些独立的营销板块，包括不同场景下、不同对象、不同形式的营销，例如线下的地铁广告、电梯广告、产品包装、门店促销、人员推销、客户服务，线上的营销广告、软文、游戏、活动等。

整合营销案例：海底捞的隐藏吃法（如图 2-20 所示）。

图 2-20

借着抖音之风，海底捞突然成了“网红”，原因是“海底捞的隐藏吃法”火遍了网络。“#海底捞”的单个话题已经有数十亿次播放，营销效果不言而喻。

对于一家火锅店，本来应该是食材涮一涮、酱料蘸一蘸就可以入口了，但“鸡蛋虾滑油面筋、网红牛肉番茄饭、海鲜粥、自制拍黄瓜”这些既简单又新颖的吃法，又一次刷新了大众对海底捞的印象。

除了抖音中的营销，当顾客在门店消费时，服务员也会热心地向顾客推荐相应搭配的菜品，并且贴心地为顾客处理食材，甚至菜单上还有抖音“网红”菜品方便顾客点单，大大增加了顾客在海底捞享用餐饮的乐趣，引发了顾客自主传播的行动。

海底捞甚至顺势而为，将抖音中“面筋+虾滑”的“网红”吃法，直接打造成新菜品“抖抖面筋球”。这一做法不仅使得菜品大卖，还进一步激发了大众的创造力，把大众去海底捞吃火锅的趣味大大地提高了。

这就是海底捞抖音营销的成功案例，几乎是 0 成本的病毒式营销，是将线上抖音营销与线下人员推销、客户服务等协同的成果。

5. IP变现

对于不少“网红”，当个人品牌打造成功，拥有上百万甚至上千万个粉丝时，他的影响力便已不小了，甚至也不局限于抖音“网红”的标签。这类“网红”已经完全能利用自己的人气变现了，尤其是“网红”孵化公司旗下的艺人，在公司运营下可以拿到不少优质资源，可以为线下活动站台，参加各种电视节目，接到各种商业广告，做代言等。

经典的案例有“摩登兄弟”，他们通过抖音平台聚集的人气实现了从“网红”圈到娱乐圈的跨越，真正从“网红”变成了明星。“摩登兄弟”还参加了江苏卫视跨年晚会，频频与明星同台，对外宣布准备发布唱片，开演唱会……

还有卡通漫画“猪小屁”，这个深受低龄人群喜欢，颇有“治愈感”的 IP，通过周边产品、与早教产品的合作等，也实现了变现。

在文化产业中，还有相当多的变现方式，比如电影、小说等（如图 2-21 所示）。

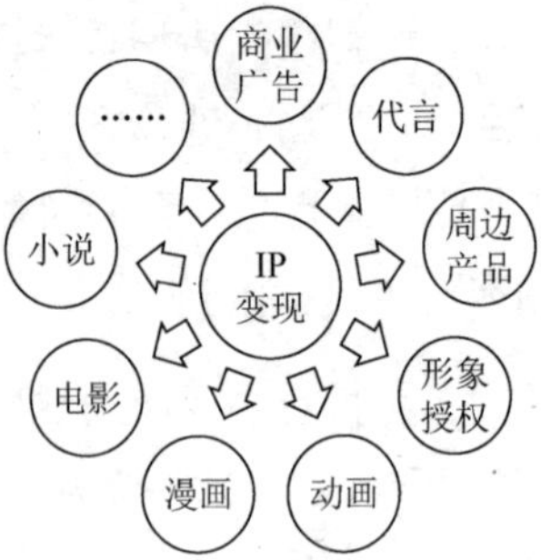

图 2-21

6. 导流变现

为其他账号导流也是常见的一种抖音号变现形式（如图 2-22 所示）。

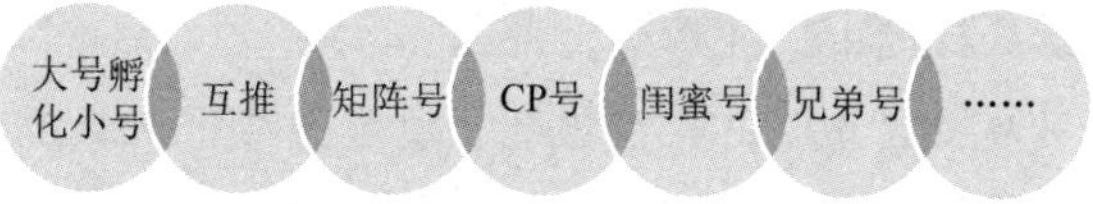

图 2-22

第一种导流的对象是外部的账号。粉丝数多的账号利用自身人气为外部的小号导流。粉丝可以从标题、话题、评论等进入另一个账号，实现小号粉丝数的增长。

另一种导流的对象是创作团队内部的其他账号。创作团队利用粉丝量级大的账号为新的小号导流，就像明星为新产品打广告一样，帮助小号快速获得第一批种子粉丝。基本上专业内容团队都会运用这种方式，这种方式可以把小号孵化的时长大大地缩短。通过搭建矩阵号、CP 号的方式，团队能迅速加大粉丝的覆盖范围，突破单个账号的限制，整体上减少风险、增强变现能力。

2.4.2 变现原则

对绝大多数抖音的内容创业者而言，能否进行变现和变现成果能否支撑起制作视频的成本，决定了账号能走多远。所以，变现是必需的，应当趁早计划。

无论选用了什么样的方式进行变现，都应当注意以下原则，使账号的变现能力更强、持续时间更长。

1. 在不伤害粉丝的基础上变现

任何变现都必须在不伤害粉丝的基础上进行。

那么不伤害粉丝的变现要注意什么呢？

(1) 慎重选择广告主。在选择广告主时，你要注意该广告主的形象是否与自身调性相符，有无负面影响，能不能挖掘到适合广告的点。

(2) 慎重选择产品。在选择产品时，无论是广告主的产品还是自己准备电商变现的产品，你都要调研、甄选粉丝较大概率可能会喜欢的产品，要注意核实货物的来源是否正规、产品的质量是否过关、产品的口碑情况如何。

(3) 广告视频的质量不能下降。你应当保持平时的内容质量水平，精心为产品定制内容，让用户有良好的体验，绝不能为了变现向客户强行推销，也不能因为客户不买单而态度冷漠或恶劣，否则就是在做杀鸡取卵的事情。

2. 做对粉丝有价值的事情

你在变现的同时，还能为粉丝创造价值，这就是一种共赢的结果了。

知识讲解类的内容在这个方面做得不错，通过教粉丝化妆技巧、普及生活小技巧等，提升了其在粉丝心中的专业感，解决了粉丝的真实需求，这就是其中的一种价值体现。

随着互联网的发展、平台的不断整肃、用户的理性消费，能走得更远的必定是有价值的账号。

3. 保持一致、正能量形象

无论通过何种渠道进行变现，账号、“网红”都要保持一致的形象，传达正能量。如果因为广告主的需求，就随意改变自身的形象，为了博取眼球失去了底线，结果很可能就是人设崩塌，得不偿失。

综上所述，抖音号在建设的不同阶段有不同的重点。例如，在最开始的导入期，账号的定位是重点，对应的工作是内容定位、团队搭建、资源协调；在成长期，粉丝数增长是重点，同时需要对内容进行模板化，使内容可以高效流程化生产，尝试变现；在成熟期，变现是重点，需要挖掘变现的各种方法，使收入提高。

第3章
找准定位八部曲

在运营新抖音号前，一定要找准账号的定位。

定位关乎账号的生死存亡。好的定位能让你在后续的运营中事半功倍，让粉丝数扶摇直上，所以，要想运营好一个抖音号，请认认真真做好定位！

找准定位，需要以下 8 步（如图 3-1 所示），在发布前要明确运

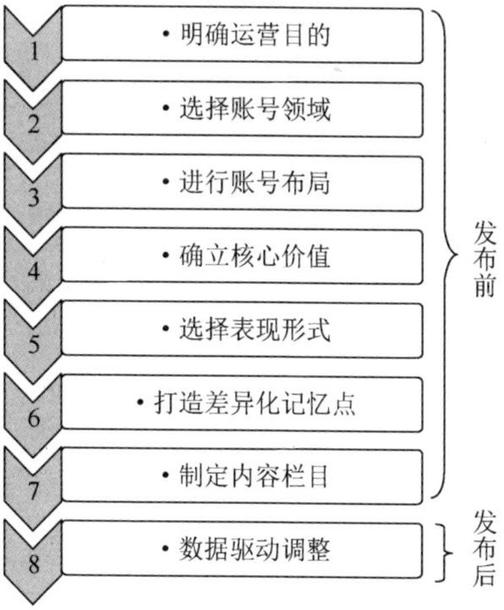

图 3-1

营目的、选择账号领域、进行账号布局、确立核心价值、选择表现形式、打造差异化记忆点、制定内容栏目，在发布初期还要有策略性地根据数据进行调整，关注每个步骤。

3.1 明确运营目的

运营抖音号的目的有很多种，也许你想创业，选择了运营抖音号这个可能是最低成本的方式，也许你是运营微信公众号或微博账号的新媒体运营，由于公司的发展需要开辟抖音这个平台，也许你只是想用抖音记录、分享自己的生活……无论是主动还是被动地运营抖音号，你都需要先明确运营抖音号的目的。

3.1.1 品牌宣传

绝大多数企业运营抖音号的目的都是进行品牌宣传、口碑运营。

1. 提升知名度，打入市场

对于初入市场的品牌而言，借助抖音巨大的流量提升知名度是个不错的方式。你不妨先进行全方位的综合评估，看看适不适合、有没有条件在抖音中发力，助力品牌打入市场，增加品牌曝光，提升品牌的影响力。

答案茶借助抖音在极短的时间内进入了市场。2018 年 1 月，答案茶的首家实体店在河南省郑州市开业，1 月 16 日发布首条抖音视频，在不到一个月的时间里，曝光超过 4 亿次，成了抖音“网红”。

对于这个刚刚进入市场的茶饮品牌，在抖音中的火爆让它自带光环，大大减少了它的营销成本，还为它吸引了大量加盟商。据答案茶的官方网站数据显示，在两个多月的时间里，答案茶已经签约了 249

家加盟店，取得了非常不错的成绩。

答案茶为什么能借助抖音迅速走红？

首先，奶茶本身就是一种备受年轻群体喜爱的产品，也是非常高频的消费品。

其次，奶茶还具备一定的社交属性。年轻人喜欢三五个好友到奶茶店轻轻松松地喝茶、聊天，还非常乐意拍照分享；因为奶茶本身的单价并不高，即使单点一杯奶茶也要付一份配送费，非常不划算，所以年轻人倾向于呼朋唤友“拼单”。

奶茶这种产品与抖音的用户群体和平台的基调相符，注定了它在这个平台上的传播占据了先天优势。

在此基础之上，答案茶的“一杯能占卜的茶”的品牌定位颇有噱头，与客户产生互动的用餐形式非常具有创新性、传播性。

客户在买奶茶时可以写下一个问题，制作奶茶的机器会自动地将“答案”打印在奶盖上，客户在揭开包装时便可以看到。

例如：

问：“奶茶，你说我除了长得美，还有啥优点吗？”

答：“一无所有。”

这个新颖的设计大大地提升了客户的体验感，其中颇为有趣的文案，则激发了大众传播的欲望。

2. 保持品牌热度

即使已经有一定影响力的品牌，也要时不时地在大众面前“刷一刷脸”，保持品牌的热度。有实力的企业一定会通过各种各样的渠道向大众营销，更不会放弃抖音这个流量巨大的平台。

对于品牌方而言，只要培养起品牌账号的粉丝，就拥有了长期营销的资本，在运营抖音号时不能只是小打小闹，必须大力造势。

“支付宝”于 2019 年 2 月 6 日推出了抖音“支付宝全球锦鲤”活动（如图 3-2 所示），在春节期间又火了一把。

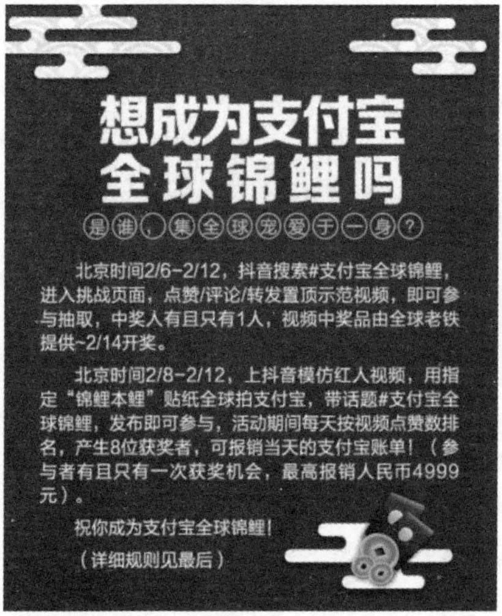

图 3-2

支付宝为该活动发布了一条 3 分钟的快闪视频：配乐是由抖音“神曲”《生僻字》改编的中国锦鲤主题曲，歌词与画面同步展示了此次活动的礼品——来自全球的包括衣食住行等方面的很多奖品、大批商户们准备的礼品。

除了“支付宝”，阿里巴巴集团下的抖音矩阵也助推了一把，“阿里巴巴”“天猫”“淘宝”“超皮优酷君”“口碑”“菜鸟网络”“阿里客服”等账号都参与了活动的宣传，同步发声。

此视频一发出，就引起了一场轰动，56 万多个抖音用户们争相留言，直喊“做一场梦确实挺美的，抽中我吧！”（如图 3-3 所示）。

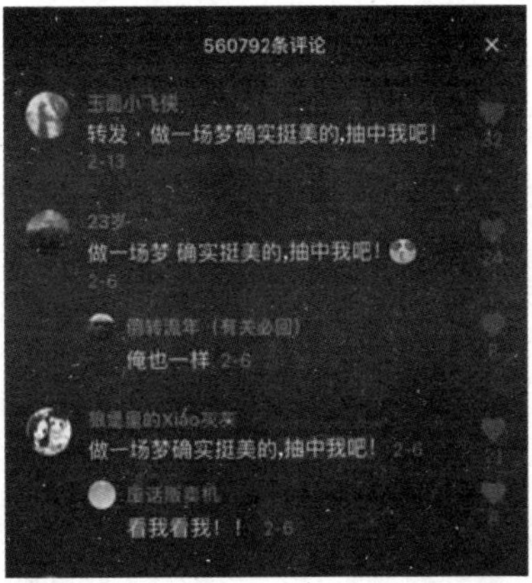

图 3-3

这场“支付宝全球锦鲤”活动，在 2019 年 2 月 6 日当天就获得了高达 8000 万次浏览量，活动视频获赞超百万次，也为“支付宝”账号带来了不少粉丝。

此次支付宝抖音营销的成功，除了巨大流量的助推，还有以下几个原因：

（1）“全球锦鲤”的概念展示了支付宝作为迈出国门的“中国骄傲”；

（2）超级豪华的全球化奖品阵容，不仅是利诱，更戳中了用户对美好生活向往的心；

（3）极低的参与门槛，只要点赞就能参与；

（4）用抖音用户熟悉的内容形式表达，拉近了与抖音用户的距离；

（5）激发用户创作与传播：与抖音合作推出“锦鲤本鲤”贴纸，用户使用该贴纸拍视频可参与抽奖活动，再次传播了活动。

3. 推广新产品

在抖音中，企业不仅可以通过活动与粉丝互动，保持粉丝热度，还可以对刚上市的新产品进行推广。

例如，vivo 在推出 NEX 双屏版手机新产品时，邀请了抖音“网红”“黑脸 V”进行新产品推广。之所以选择“黑脸 V”正是因为其给用户技术流、酷炫、神秘、正能量的感觉与新产品的调性相符。

4. 刷新认知

在过去数年间，随着新媒体的发展渗透，品牌传播的方式、内容发生了巨大的变化。一些传统企业可能还在用以前的方法做营销，缺乏互动的营销，使品牌与用户的距离越来越远，没有使用年轻人喜爱的传播方式，导致了消费群体的断层。这是一件相当遗憾的事情。

这类品牌要想重新赢得大众的心，应当调整品牌战略，刷新用户认知，改变用户心中的传统形象，拉近与用户的距离。无论是在当前还是在未来，年轻群体的消费能力都不可小觑。众所皆知，要想在未来把握市场，就要向年轻人靠近。要想实现走年轻化路线的品牌战略，若错过了微博、微信，千万不能再错过抖音。

近年来，故宫走品牌年轻化路线的表现不俗，大大刷新了大众对古老故宫的认知，而抖音营销也是其中一个营销环节。

2018 年 9 月，故宫食品与抖音合作发布了视频《众卿抖起来》，借助故宫古画穿越到清朝，让用户通过视频体验到了乾隆时期的宫廷生活。其中，在“阿哥习武”的片段中，阿哥在头顶月饼扎马步时，响起抖音经典“神曲”“我，心里有一个梦，想去嵩山少林学武功……”；在“宫廷喵舞”片段中，嫔妃和格格们变身“元气美少女”，跳起在抖音中热门的喵喵舞……故宫与抖音时尚元素完美结合，让故宫时尚、年轻了一次。

3.1.2 打造“网红”

借抖音打造个人品牌，成为一名“网红”，也是不少人运营抖音号的目的，而且已经有非常多的成功案例。抖音为孵化“网红”制造了各个方面的条件。

抖音中的“网红”主要有以下几类。

1. 才艺型“网红”

大多数才艺型“网红”是拥有唱歌、舞蹈等才艺的“小哥哥”“小姐姐”，如“摩登兄弟”“代古拉 k”。

2. 高颜值“网红”

高颜值“网红”靠外形就能脱颖而出，通过剧情打造人设，使形象立体、生动、有个性，如“七舅脑爷”。

3. 搞笑类“网红”

搞笑类“网红”靠讲段子、演绎搞笑剧情等突出人物特色，如“爷爷等一下”“怪了个兽”。

4. 情感类“网红”

情感类“网红”善于洞察人的心理，总能捕捉到生活中的小事，通过吐槽、演绎等表达方式，引起粉丝的情感共鸣，如“温精灵”“上海小阿姨”。

5. 专家型“网红”

专家型“网红”是某个领域的专家，通过向大众传播领域内的知识、资讯等，树立自己的专家形象，如“老爸评测”“设计师阿爽”。

6. 非真人“网红”

非真人“网红”可以是萌宠、动画人物等，如“♥会说话的刘二豆♥”“猪小屁”。

以上六种类型不是非此即彼的关系，高颜值“网红”也可能是才艺型“网红”、搞笑类“网红”。

如果你想把自己打造成一个“网红”，可以先根据自身条件、擅长的内容方向，参考这几种类型，看看自己更适合走哪种路线。

3.1.3 卖货

抖音可能是最近一次全民创业的机会，其巨大的流量、极低的成本吸引了一大批等待机会已久的创业者。这其中就有很多在研究并践行如何将抖音号培养成强大销售渠道的人。

随着抖音开通购物车的门槛降低，普通账号通过抖音销售成为可能。

抖音中的美食“大V”“野食小哥”通过记录在大自然中取食材、烧饭做菜并享用美食的过程，宣扬了一种回归田园、质朴天然的生活方式，吸引了508万个粉丝（数据截至2019年2月）。同时，他通过售卖视频中制作的同款零食，例如猪油渣、牛肉等实现了变现。

“野食小哥”在视频中制作了一款怀旧感满满的“童年零食猪油渣”，这个单品就售出了2万多笔，销售额已经超过了60万元。“野食小哥”的抖音店铺截图如图3-4所示。

童年零食这波“回忆杀”，无疑是其卖点之一，他通过猪油渣的一步步制作，一点点勾起了用户美好的童年回忆，一点点勾起了用户对零食的食欲，情感触动加上沉浸式的体验，更容易让用户产生消费行为。与没有建立过认知、情感关联的其他同类产品相比，这款小零食自然非常有竞争力。

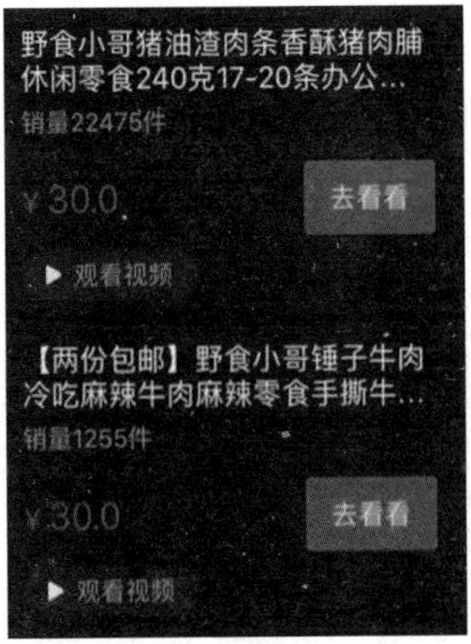

图 3-4

从内容到卖货的环节，整个流程的体验非常连贯。用户首先感受了烹饪美食的视听体验，然后产生了享用美食的欲望，最后产生了购买美食的冲动。“野食小哥”的视频也多从制作美食开始，以享用美食为结尾，使用户在观看视频后产生购买商品的欲望。

这非常具有参考意义，如果你运营抖音号的目的就是卖货，那么要承接好内容与商品之间的各个环节，设计好用户体验流程，用内容刺激用户产生购买欲望。

3.2 选择账号领域

是不是所有领域的商品都能通过抖音进行营销呢？并不是所有领域都被抖音允许进入。除了违法和违规的产业，还有一些敏感行业是不被允许使用抖音进行营销的。

对于内容创业者来说，我们建议刚开始尝试运营抖音号时，首选自己擅长、有经验、有资源的领域，这样更容易成功。其次，我们建议选择热门领域，如美食、宠物、搞笑的内容，这样更容易获得大量关注。同时，你可以选择变现能力较强的行业，后续发展的可能性更多。

3.2.1 抖音禁止推广的对象

抖音禁止推广的对象分为两大类，一类是法律法规禁止推广的对象，另一类是今日头条禁止推广的对象。我们运营抖音号必须遵守国家的法律法规，法律法规禁止推广的对象，都是不能推广的。

今日头条禁止推广的对象包括对今日头条及其关联品牌有负面影响的产品，一些可能导致用户利益受损的敏感行业产品（例如，具有风险的金融行业产品，与人体安全相关的医疗保健产品等），微商、代购产品等。

对于具体的抖音禁止推广对象，我们可以到抖音官方网站查看。

3.2.2 企业如何选择内容领域

绝大多数企业运营抖音号都是基于已有业务的，只要先于同行在抖音平台上取得优势，就有更大的可能性超越同行，甚至成为洗牌期的胜利者。

企业抖音号一般以企业所在行业为营销的领域，做垂直领域的内容。

目前的常见领域有美食、美妆、搞笑、宠物、娱乐、艺术、运动、健康、情感、舞蹈、旅游、游戏、服饰、职场、母婴、房产、汽车、科技、教育、媒体、政务、家电、家装……

例如，“丁香医生”以健康领域的营销为主，“尚品宅配家居”以家装领域的营销为主。

垂直领域的账号多以专业内容为主要生产对象，用内容连接产品与客户。

3.2.3　专业内容公司：泛娱乐、美食等热门领域

专业内容公司主要的变现方式为卖广告，可以选择更有变现能力、更热门、更易吸粉的领域，如泛娱乐、美食、美妆、旅游等领域。

洋葱集团是国内知名的制作创意短视频的 MCN 机构，它在抖音中已经培育出了“七舅脑爷”“代古拉 k”等千万粉丝量级的超级“大V”，其抖音矩阵以泛娱乐、美食为主要领域。

之所以这样布局，正是因为这些领域更热门，关注该领域的用户群体更广，用户的内容消费频率更高、消费需求强度更高，这些领域的内容更容易获得用户的喜爱，无论是粉丝的量级，还是粉丝的黏性，都会更高，后续的变现空间更大。

3.2.4　内容创业个人：根据自己的优势选领域

与企业或者专业内容公司不同，有一小部分人是从抖音平台开始内容创业的，他们可能先选择了平台，再选择内容的领域。

无论如何，你一定要从自己擅长的领域着手，结合自己的个人特色、特长、兴趣、知识等去做。

你要问问自己：我擅长的内容领域是什么？是唱歌、跳舞、美食、化妆，还是健身……

你要再问问自己：我吸引人的特点是什么？是颜值还是个性……

我最容易拍摄视频的场景在哪里？是家里、学校，还是办公室……

例如，“ahua”选择了校园生活为其视频的内容领域，作为一个大学生，校园生活是其最易获得视频素材的来源。

3.3 进行账号布局

内容创作不易，一条视频常常可能耗费一个团队数天时间，所以我们并不建议内容创业者将抖音作为视频发布的唯一平台。一方面，多平台的分发并不会增加太多的工作量；另一方面，在全网多平台发布，能把单条视频的效用发挥到最大化，有助于多处刺激流量增长。你可以根据自身的情况，布局多账号的抖音矩阵或在不同的内容平台上创建同名号。

提前布局好账号可以提升内容推广的速度、力度、效益，同时减少账号名称在其他内容平台被盗用的风险。

账号的布局有四种，从简单到复杂和账号总量从少到多分别有多平台同名号布局、一对一强关联号布局、多号单领域布局、多号多领域布局（如图 3-5 所示）。

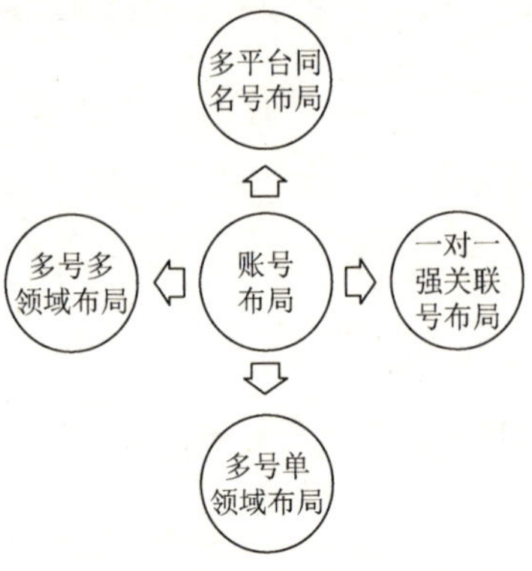

图 3-5

3.3.1　多平台同名号布局

多平台同名号布局就是在抖音中建立一个账号，然后在不同的内容平台（如微信、微博、今日头条、快手、火山小视频等）中建立同名账号，当视频发布时，进行同步的分发。

这个做法的好处：①能大大地提高内容的效益，在多个平台上都有相应的流量产生，甚至同一个内容还可能在其他平台上爆发，内容的生产本身非常耗时、耗力、耗资源，与此相比，同步分发这一动作所耗费的时间、精力微乎其微；②不同平台的数据（包括曝光量、互动量、变现情况等核心数据）对比可以作为数据检测的参考对象，可以通过多个方面的数据监控内容运营情况。

这种做法在新媒体行业中早已成为标准。

例如，“七舅脑爷”就在抖音、微博、西瓜视频、快手等主流新媒体社交平台上均建立了同名账号，整体流量比抖音单个平台账号高得多，见表 3-1，数据截至 2019 年 9 月。

表 3-1

社交媒体平台	粉丝数/万个
抖音	2830
微博	344.5
西瓜视频	24
快手	353.5
美拍	66.9
火山小视频	104

对于精力非常有限的个人或小创作团队而言，集中精力运营好一

个账号已经很不容易了，在抖音中建立多个不同账号的可能性比较小，较难布局抖音矩阵，但一定要在不同平台中建立相应的同名号，将内容进行多平台分发，这样可以将有限的内容产量尽可能地效益最大化。

3.3.2 一对一强关联号布局（捆绑关联）

一个账号能覆盖的粉丝往往很有限，而且当账号发展到成熟阶段后，粉丝数的增长会变得非常困难。如果你的账号中每次出镜的固定人数不止一个，那么在条件允许的情况下，你可以尝试运营多个账号。

抖音中就有这样一类账号，不单打独斗，两个账号之间关联极强，内容相关，互动频繁，互相引流。这样的一对一强关联号，一方面对塑造双方关系的人设更具有说服力，给人感觉更真实、更深刻，另一方面，把覆盖粉丝的范围扩大了。最常见的是以亲密关系为主的情侣号、亲情号、闺蜜号、朋友号、同僚号等（如图 3-6 所示）。

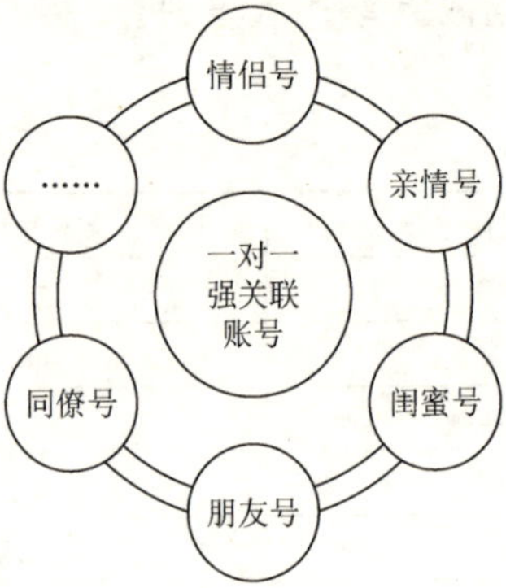

图 3-6

经典案例非“山村小杰”“万能子墨”莫属了，前者的粉丝数高达 1876 万个，后者的粉丝数高达 830 万个，总粉丝数高达 2706 万个（数据截至 2019 年 5 月，未剔除重叠粉丝数）。

这两个抖音号既互相独立，又具有超强关联。

这两个账号打造的人设是一对隐居山林但生活甜蜜的情侣，在生活中他们总是贴心地为对方着想，每当发现对方的困难或需求时，就发挥自己强大的创造力就地取材、手工制作生活用品，帮助对方解决问题或增添生活的情趣，让对方的生活更舒适、更快乐。

这两个账号中男主角、女主角均双双出镜，题材范围也大致相同，任意一个账号发布视频都能为对方引流。

与此相同，因怕老婆而出名的抖音“网红”“忠哥”，发布的视频的多数主题是与老婆斗智斗勇，而这位只有声音而无真人出镜的老婆，在粉丝们心中也已有生动的形象，粉丝们亲切地称呼其为忠嫂，并对她充满了好奇。

后来，“忠嫂”的账号就随之出现了，在“忠哥”账号的引流下，粉丝数迅速增长到 180 万个。

3.3.3　多号单领域布局

有不少企业本身可能就在某垂直领域里使用了多品牌战略，以覆盖更大的群体，提升精准营销的效率。企业在确定了在某垂直领域中进行内容深耕后，在该领域进行抖音多号布局是不错的选择。

根据企业的需求与团队情况，企业可以进行不同类型、不同内容、不同形式的账号建设，以迎合精准人群的需求，为企业抖音矩阵覆盖更大的粉丝群体。

对于品牌企业在单领域的多号布局，我们建议采用“1+*N*”的形式，1 是品牌官方主号，*N* 是不同细化方向或不同人设的账号（如

图 3-7 所示）。

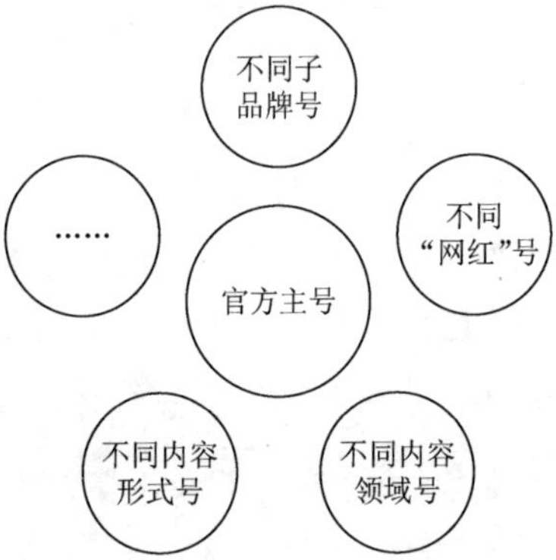

图 3-7

例如，尚品宅配就在抖音中布局了家装垂直领域的强大矩阵，不仅有一个企业官方蓝 V 号，还有多个“网红”号、多个图片式账号。每个账号都有不同的目的、不同的人设、不同的针对人群，覆盖了家居生活的方方面面，如装修、家具、改造、案例等，见表 3-2。

搭建矩阵能更大可能性地迎合各种用户的不同需求，借助平台覆盖到更广泛的粉丝群体，多维度提升品牌的知名度，保证品牌始终处于一个有效的传播范围内，犹如一张网一样覆盖需求各异的用户群体。

表 3-2

名称	账号类型	内容形式	定位	粉丝数/万人
尚品宅配家居	企业官方蓝 V 号	真人讲解	品牌官方号	330
设计师阿爽	个人账号	真人网红	打造设计师 IP	1256
设计帮帮忙	个人账号	真人网红	解答家居难题	745
美家	个人账号	真人网红	家居用品方向	317
改变家	个人账号	视频二次剪辑	小妙招	100
装修不求人	个人账号	图片式	装修干货	214
……	……	……	……	……

有实力的企业应该尽早采用这样的形式布局抖音矩阵。同时，多个号的运营不仅能借助抖音平台机制，抓取到更多的粉丝，还能在内部形成各账号运营人员的相互竞争与合作，合理的人员分工能使人均产能更高。

3.3.4　多号多领域布局

一般而言，只有专业的内容公司或者在不同领域都有商业布局的集团，才会进行多领域的账号布局。

案例一：专业的内容公司 papitube

papitube 是专业的内容公司，是由 papi 酱与杨铭联合成立的短视频 MCN 机构，在不同领域布局、吸纳了众多账号，签约了数十个优秀的视频创作者。papitube 旗下生产的视频内容，大约 50%是泛娱乐、搞笑类内容，另外 50%则是美食、美妆、旅行、生活方式等垂直领域的内容。

例如，表 3-3 为 papitube 旗下的部分抖音号（2019 年 5 月 19 日采集），“itsRae”属于旅游领域的账号，“宇芽 YUYAMIKA”为美妆领域的账号，“Bigger 研究所”属于生活方式领域的账号。

表 3-3

账号名称	领域	抖音粉丝数/万个	定位
papi 酱	搞笑	2704.1	搞笑网红 IP
itsRae	旅游	959.3	人文旅行 Vlog
爆胎草莓粥	服饰	608.9	舞蹈+女装
王蓝莓	文艺	573.2	手指动漫
Bigger 研究所	生活方式	565.9	好物评测
Hello 胡馨宇	摄影	364.1	拍照技巧

续表

账号名称	领域	抖音粉丝数/万个	定位
唐豆子	情感	244.0	校园生活
可乐嘟嘟酱	才艺	210.9	舞蹈
张二狗	情感	205.7	吐槽生活小事
宇芽 YUYAMIKA	美妆	183.2	仿妆

papitube 的内容矩阵强大，用大号为小号引流，拓宽单个账号的发挥空间，使“网红”孵化的效率与效益都大大提升。

案例二：多业务的企业

阿里巴巴集团根据不同的业务线、不同的需求运营了多个账号（见表 3-4，数据截至 2019 年 5 月 19 日），如“阿里巴巴”“支付宝”“天猫”“淘宝”“菜鸟网络”“天猫精灵”等。

表 3-4

账号名称	粉丝数/万个
阿里巴巴	381.9
支付宝	531.8
天猫	57.7
淘宝	61.9
菜鸟网络	7.3
天猫精灵	35.8
……	……

在 2019 年春节期间，“支付宝”的“支付宝全球锦鲤”活动由阿里巴巴家族的官方抖音号共同发声，也体现了抖音矩阵的强大力量。

3.3.5　零抖音号运营经验的测试方法

毫无抖音号运营经验的账号可以采取“测试号先行，再复制成功模式”的方法。

如果你或者团队的抖音号运营经验还比较薄弱，建议集中力量先进行一到两个号的运营测试，摸清抖音号运营的门路。

抖音号运营也是养号的过程，如果账号定位不清晰、产出不稳定、内容质量没有保障，那么很可能培养出低权限的抖音号。这会导致后续即使产出了高质量的内容，也可能得不到相匹配的数据回馈，影响了团队对内容的判断，加大了运营的难度。

因此，如果你是新手，我们建议你可以先运营一个测试号，从学习、模仿（但不是抄袭）同行优秀账号开始，当得到一定的运营成果后，充分复盘总结，再提炼优化，将成功模式复制到其他账号上。

3.4　确立核心价值

只有为用户创造价值，才能成为有价值的抖音号。提供优质的内容，也是一种核心定位。

对于泛娱乐账号，账号内容的吸引力很重要，“网红”要有人格魅力、有个性、真诚，注重内容的用户体验，而对于垂直领域账号，要想变现能力强，内容专业度很重要。

无论是泛娱乐账号还是垂直领域账号，有用或者有趣至少要占其一，要想长远发展，就要通过内容为用户提供价值，打造账号的核心竞争力。

3.4.1 有用型内容

为用户提供有用的内容，尤其是垂直领域账号去传播专业领域内容，既能满足用户的内容消费需求，又能体现自身的专业度，对后续的变现更有利。

常见的有用型内容类型如图 3-8 所示。

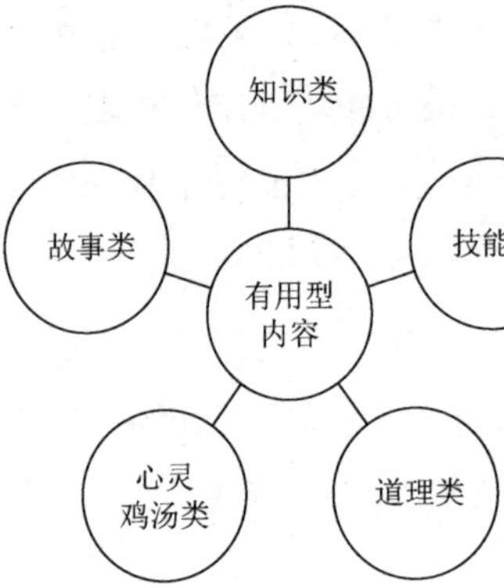

图 3-8

1. 知识类

你可以通过提供领域内专业的知识，帮助用户储备生活中所需的知识，以解决问题、提高生活品质等。例如，职场、育儿、健康知识分别对应个人发展、后代培养、生活品质的需求，是绝大多数人关注的内容，也是日常储备的相关知识。

2. 技能类

你可以教用户一些生活技能、学习技能、工作技能等，技能类的视频内容非常具有实用价值。例如，“Excel 之光”通过讲解 Excel 的使用小技巧，帮助用户提高职场工作效率。

3. 道理类

你可以通过讲述道理，帮助用户提高对生活规律、事物本质、是非得失和人生价值等的认知。例如，“悟道”。

4. 心灵鸡汤类

心灵鸡汤类的内容用具有正能量的语言，对用户产生精神的激励或安抚作用。在生活节奏快、精神压力大的现代生活中，偶尔来这样一碗“心灵鸡汤”，可以让人的精神压力得到缓解，但是创作者切忌熬“毒鸡汤”，为了吸引眼球而制作价值观不正的内容，这样既害人又害己。

5. 故事类

你可以通过讲具有寓意的故事，传播优秀的传统文化和价值观念。例如，“一禅小和尚”通过对故事的重现，向用户传播正向价值观。

3.4.2 有趣型内容

向用户提供有趣型内容的价值就在于满足用户的精神生活需求。有趣型内容可以分为感官体验类内容和情感层次类内容。

现代人面临着巨大的精神压力，精神焦虑是一种普遍现象。这些搞笑、轻松或富有艺术感的视频可以帮助用户释放精神压力，愉悦用户身心。

1. 感官体验类

视频中美好的画面、声音在视听感官层刺激用户，从而触动用户的神经中枢，激发起用户最美好的记忆与想象。

美好的画面包括美景、美物、美人等。抖音中美丽的粉色沙滩属于美景，令人惊艳，令人神而往之。

美好的声音会让人精神振奋，也会令人心情平静。抖音中出现了不少动听的“神曲”。

2. 情感层次类

搞笑、有趣、轻松的内容会让用户在情感上得到快乐。吐槽的内容会让用户产生共鸣，得到情感的宣泄。

3.5 选择表现形式

在确定了目的、领域和账号布局后，我们就可以根据实际需求和团队情况，选择合适的表现形式。出色的表现形式能让你的内容大放异彩。

3.5.1 实拍

实拍类的视频是抖音的绝对主流内容，它的适用性最强，可用范围更广，无论是推广“网红”、萌宠，还是店铺、商品等，实拍的形式展现出的内容都更有真实感、代入感，更贴近用户。

1. 真人出镜

真人出镜形式的威力比纯字幕、图片形式要大得多，更真实、更具体、更立体、更生动，不仅有外形，还有动作、表情、语言、个性，因此更容易获得用户的好感，得到个人品牌的传播。

在选择出镜人员时要慎重，除了考核外形、网感、表达、表演能力，其个性、品质可能是更重要的，如果候选人的个性与人物预设不相符，效果就会大打折扣。

尤其是泛娱乐账号，原本就是希望能给用户带来快乐。有的人天生个性真诚、开放，有独特的人格魅力，很容易获得用户的好感，这可能就是成为“网红”的天赋，非常难得，也更易为账号吸粉。

为了让视频效果更突出，真人在出镜时还可以选用以下有特色的方式。

(1) Vlog。Vlog 是 2018 年下半年开始火爆的形式，具有第一人称代入感，适合个人形象塑造，非常亲近粉丝，并有部分常规的拍摄模板，通过学习、模仿可以很快上手。

(2) 蒙脸出镜。我们可以用面具等工具遮挡脸部出镜，如“黑脸 V”，神秘感十足。

(3) 双手出镜。“正经的测评”是测评节目类账号，需要突出产品，所以只有双手出镜，利用双手的拆、指、拿等动作，指引用户关注产品的细节，利用手势语言与声音的配合，完成对产品的测评。双手出镜的形式令人印象深刻，同时也降低了对出镜人的外形、表演能力的要求，避免了人员流动带来的风险。

(4) 易装出镜。男扮女装或女扮男装利用外形与性别的反差会让用户记忆深刻，抖音中更多的是男扮女装，因为扮女装更容易拉近与女性用户的心理距离，尤其是生活化的题材内容，更易被分享、传播。例如，“多余和毛毛姐”，虽然一人分饰男女两种性别的人物，但粉丝在留言时几乎都称其为“毛毛姐”，他在直播时也被粉丝要求戴上假发让“毛毛姐”出现，可见粉丝更认同“毛毛姐”的女性形象。

2. 萌宠出镜

一看到可爱的宠物，人们从烦躁中瞬间就能变得愉悦，这就是“萌”的神奇之处。因此，用萌宠出镜，非常容易获得用户的好感。抖音中的萌宠视频非常火爆。

除了拥有 4000 多万个粉丝、长年居于粉丝数榜首的“♥会说话的刘二豆♥”，还有粉丝数高达 1922.5 万个的“金毛蛋黄”（如图 3-9 所示），它们以猫、狗为主要宠物类型，配上萌萌的儿化音、拟人化的故事，更令人喜欢。

（1）“金毛蛋黄”的主页

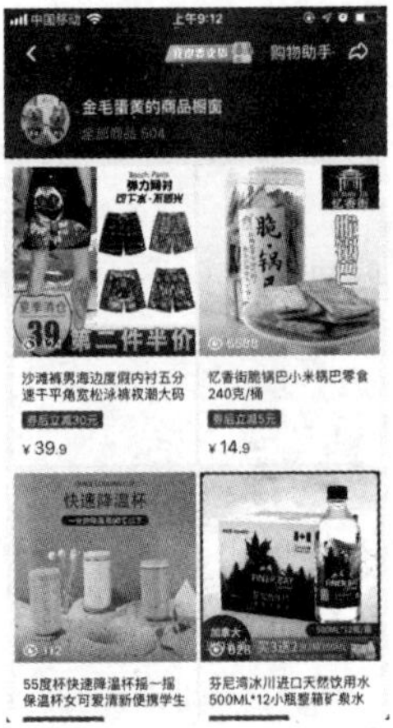

（2）“金毛蛋黄”的商品橱窗

图 3-9

萌宠出镜的形式更适合泛娱乐、宠物行业，变现方式也基本上通过售卖广告、宠物用品等。

值得一提的是，“金毛蛋黄”在积极变现上有很多我们可以学习和参考之处，无论是广告，还是店铺，它都在打破宠物行业的局限。

3.5.2 动画

动画形式更有趣味性，但因为动画对专业性要求非常高，且制作耗时长，所以使用动画形式的绝大多数是专业的内容公司。

除了专业的内容公司，还有什么情况适合使用动画的形式呢？

（1）有吉祥物的品牌。如果企业有这样专门的卡通人物，那么它可以作为动画的主体。

（2）不适合或无法真人出镜的情况。如果没有固定的、符合要求的出镜人，或者场景是虚拟的、无法用实拍形式展现，那么也可以使用动画的形式。

不要盲目地为了形式出彩而选择动画，要选择与实际情况相符的形式来创作，如果只是因为出镜人问题难解决，那么不要回避问题，应当去解决出镜人问题。无论是因为何种缘由选择了这种形式，都需要有专业的动画制作人员。

3.5.3 文字

文字的形式门槛最低，成本也是最低的，但也基本上是回报最低的一种形式。这类形式的账号能达到数十万粉丝级别已经算不错了，粉丝数的“天花板”很快就达到了。

在抖音中常见的是用快闪文字，配上同步的声音，操作非常简易，适用于投入时间不多的个人使用。

对于这种形式，文字内容是最重要的，如果选用，文案就一定要精心雕琢，要足够惊艳，否则对粉丝毫无吸引力。

3.5.4 图片

图片形式类似于 PPT，常常整合了图和文字。

其制作成本仅高于文字形式，由于抖音平台对视频长度限制为数十秒，而用户很难快速消化图文中的信息，在观看视频时常常需要单击暂停，操作麻烦。受限于该形式较差的体验感，此类账号的粉丝数能达到 100 万个就很不错了。

3.5.5 创意

除了以上这些常见的表现形式，还有一些创新的艺术表现形式非常吸引眼球。如果你有一些新颖的思路，不妨试试把它实现。

例如，“几何映画”为实拍的小物件画上十分可爱的动态表情，这种实拍与卡通表情包相结合的形式与众不同，在形式上已经占了优势。

以上讲了五类常见的表现形式，你可以结合自己的需求去选择，并从细节处调整优化，形成自己专属的特色。

此外，表现形式很重要，尤其是创意类的表现形式能极速触达用户心理，但视频的内容核心更重要，只有好内容搭上好形式，才能培养出优质的账号。

3.6 打造差异化记忆点

如果你观察千万个粉丝级别的账号（如“摩登兄弟”“设计师阿爽”“麻辣德子”“美少女小慧”），你就会发现它们都有个体独特性，无法被简单、粗暴地复制，无法被他人所替代。例如，“麻辣德子”独特的个人标志为双手合十并鞠躬的动作，当其他创作者模仿该动作时，粉丝都会立刻想起“麻辣德子”，纷纷留言“真诚是模仿不来的”。

在充斥着形形色色模仿视频的平台上，要想吸引眼球，必须要与众不同，要打造个人专属的标志，让粉丝看到一个不一样的你。

3.6.1 如何让用户记住你

有的抖音号内容质量不差，但是用户记不住，粉丝黏性不高，原因就是缺乏辨识度，在用户心中的存在感很差。

你要想让用户记住你，就要简化用户的记忆负担，并在记忆的频率和强度上刺激用户，前者是“贴标签”，后者是多“刷脸”以强化。

为什么要“贴标签”？

从认知心理的角度讲，在信息爆炸时代，人每天都可能面对数以亿万计的信息，而大脑的处理能力有限，惰性的大脑只能将具象化的信息浓缩成一个个“符号”；从社会生活的角度讲，用“贴标签”的方法进行人群分类是个高效的方式，能快速地获得相同“标签”群体的认同、信任。

将账号、人物、内容等信息简化成一个用户认可的标签，并不断重复，就能被用户记住，从而增加用户黏性，如图 3-10 所示。

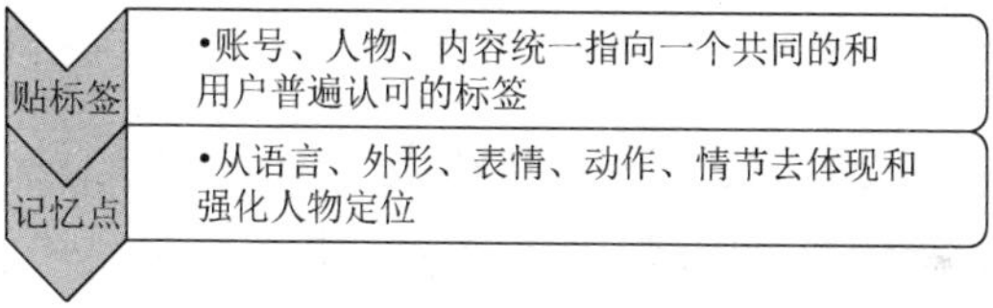

图 3-10

你希望在用户心中树立什么形象，就可以设计相应的标签，如高颜值、才艺、人文关怀、专业、时尚、搞笑等，注意标签要正能量（符合抖音平台的要求），迎合目标群体的喜好，且标签在精而不在多，选择最突出、最能抓住用户的一点就好，千万不要盲目自嗨，把与品牌无关、与自己无关的标签乱贴。

3.6.2 巧设记忆点

你要围绕设计的“标签”，去设计能体现该标签的落脚点和相应的记忆点。能否让用户记住你，取决于你能否刺激到用户的神经，不痛不痒、平平无奇只会被忘记。

你可以从图 3-11 所示的这些方面，适当地选取部分设计记忆点，以塑造标签对应的具体形象。

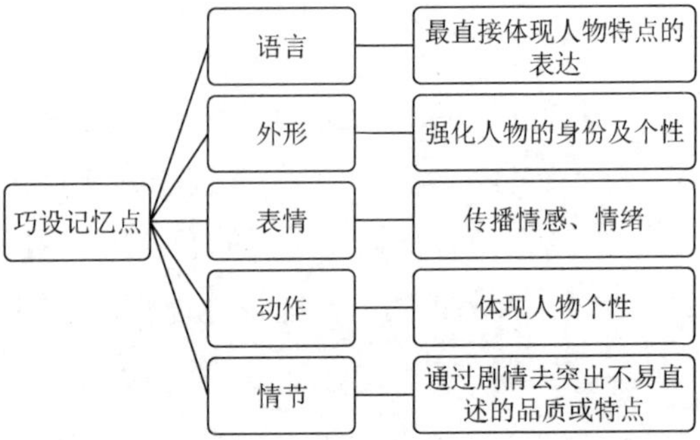

图 3-11

1. 语言

视频的语言能直接、精准地传达大量信息，也是塑造人物个性的重要载体。要想传达价值观，突出人物个性，一定要从语言入手，设计用户的记忆点。

1）位置：开场白、结束语或转折处

心理学中有“系列位置效应”——在一系列记忆材料中，人们记忆效果最佳的是位于开头的和位于末端的部分，前者叫首位效应，后者叫近因效应。

这可以应用于抖音短视频中，你可以利用开头或结尾这两个用户最容易记忆的位置，设计突出个性的语言。例如，“papi 酱”曾经在每条视频的末端都说一句“我是 papi 酱，一个集美貌与才华于一身的女子”的结束语。这句个性十足的自我介绍，在大众心中留下了深刻的印象。

除开头、结尾，你也可以将个性化语言设计在视频中的转折处，这样既不显得突兀，又能承前启后。例如，“麻辣德子”就在视频中做菜与出锅之间设计了相关的语言。

2）内容：自我介绍、Slogan、口头禅

你要设计一句自我介绍，让用户记住你。自我介绍要短小精悍，朗朗上口，还可以作为开场白引入主题，或作为视频的结束语突出内容主旨，同时还能体现人物的个性。

例如，“慕容瑞驰”的开场白：“大家好！我是慕容瑞驰。”这就是“打招呼+自我介绍”的形式。

“是老胡没错”的开场白：“我叫胡图图，这是我来北京的第×××天。”这就是“自我介绍+主题引入”的形式。

“设计师阿爽”的结束语：“我是阿爽，爱设计胜过爱男人。”这就是“自我介绍+个性”的形式。

一个体现个性特质的 Slogan 能充分表达视频的价值主张，让用户感受到创作者是有温度的、真诚的。

例如，“贫穷料理”在视频最后说的一句“按时吃饭”，就令人不禁想到父母的叮咛，如家人般亲切、简单、真诚、温暖，令人好感倍增。

口头禅也能让用户对你印象深刻。

例如，凭借口红试色收获千万个粉丝的“口红一哥”“李佳琦 Austin”，每次在涂完口红后说的“Oh! My God!”就让无数女性产生了购买口红的冲动。

又如，“郭聪明”在视频中说的搞怪调皮的“好吗？好的呢”就圈粉无数。

3）声音特性：音调、音速等

你可以从声音的特性（如音调、音色、音速）设计记忆点。

经典的美食节目《舌尖上的中国》的旁白配音非常具有辨识度。

解说员李立宏老师的嗓音浑厚深沉，颇具智者韵味。视频中声音与画面丝丝入扣，烘托出浓厚的中国传统饮食文化氛围。

2. 外形

出镜人的服装、发型，甚至穿戴的首饰，都值得精心设计。

例如，“仙女酵母”在转型前并没有火，转型后独特的复古宫廷风格很快吸引了众多女性，她每次出镜都穿着精致的西式复古装，优雅高贵，深受女性喜爱。

“丁香医生”中的“田太医”在每次出镜时都身穿白大褂，外形符合账号的需求，体现了专业的身份。

3. 表情

面部表情具有极强的感染力，能迅速传播情感、情绪。

“怪了个兽”就因其无奈又令人忍俊不禁的独特表情，被网友称为“绝望”男神。

“丸子同学”在视频结尾处露出有酒窝的甜美笑容，加上一句“爱你哟”，使得一个贴心、可爱的女友形象十分生动。

“张二狗”的面无表情也成了一种个人标志，本是激动人心的事情，他却用异常平静的表情，冷淡地讲述，这种冲突令人印象深刻。

4. 动作

“讲道理侠”在视频结尾用一个潇洒转头的动作，表达了对不讲理的人、事的不屑之情，非常贴合账号的人设。

5. 情节

你可以在视频的剧场情节里设置“哏”，来强化人物的定位。

例如，“积级向上的老王”，其实是讲解生活技能的，但用了帮助美女邻居解决问题的诙谐有趣的剧情。每条视频都以美女邻居求助的情节展开，通过美女邻居求助的情节，加强了“积级向上的老王”的角色定位。这个人物不仅是受女邻居们欢迎的“高富帅”，还非常懂得“保护自己”，每次总能机智地帮助女邻居们解决生活中的小难题，同时又与女邻居们保持距离。

这就是通过一个固定的情节的方式，表达视频内容，强化人物的定位。

前文已讲到，对账号“标签”的设置在精而不在多。同样的，在进行操作时，所有设计的记忆点也要集中、统一地针对“标签”，且不宜过多，否则可能会弄巧成拙，成为用户记忆的负担。

3.7　制定内容栏目

在搭建好账号的基础框架后，就该落实到内容上了。此时要做的是策划内容栏目以保障内容按前面确定的定位来落实，在长期的执行中方向不跑偏。

3.7.1　选择热门的内容方向

对于栏目策划，我们应当选择热门的内容方向。

栏目实际上就是对选题范围的限制，保持内容范围在某一个人群的需求内，既不可太宽泛使内容杂乱，又不可太窄导致选题范围过窄、目标人群过窄。

我们可以使用消费层次降维法把控内容消费的范围，对用户的消费层次进行降维解读，找到适合的方向与范围。

以家装行业为例，典型的消费目标人群是已买了房、有装修需求的人，但是精准寻找该人群的难度非常大，如果只针对如此精准的人群范围，那么也会损失大量的潜在对象，内容根本做不热。因为家装属于较重度消费的行业，客单价高，同时还是冷门行业，消费次数少，复购率极低，大多数人可能二三十年装修一次。

装修涉及的领域又非常广而复杂，专业的内容既多又枯燥，专业内容显然并不适用于所有人群。

我们可以把家装内容的需求人群及内容类型、范围等划分为以下层次，见表 3-5。

表 3-5

需求人群	内容类型	内容范围	内容需求广度	内容难度
从业人员	专业领域内容	装修操作	★	★★★★★
未来两年内有家装需求的人群	重知识内容消费	学习家装干货	★★	★★★★
未来 3～5 年有家装需求的人群	轻知识内容消费	了解家装知识	★★★	★★★
未来可能有家装需求的人群	常识需求	防坑家装知识	★★★★	★★
所有人	娱乐+轻知识内容消费	家居生活小技巧	★★★★★	★

同样是做装修类的内容，选取哪个角度去做，效果很可能截然不同。根据自己的运营目标去选取触达人群很重要。

对于冷门行业，我们建议用这种降维的思维去做内容。

3.7.2 栏目规划

选择内容范围的落地措施就是进行抖音号的栏目规划，我们首先要根据实际需要选择栏目的数量。

1. 单栏目规划

单栏目可以集中地突出人物、故事等，深度强化定位，但在这种情况下内容类型相对单一。

覆盖人群类型多或业务种类多的品牌官方账号，可以采用多栏目，尽可能增加服务的人群范围，全面地推广业务，但单个账号的栏目数尽量不要超过 3 个，以免账号内容过于冗杂，减少用户的记忆点。

如果你已经布局了抖音矩阵，那么每个细化方向下的账号都要设计一个单独的栏目，这种单点突破的方式有利于强化人物、让整个账号给人一致的体验，而且在操作上更简易、更高效。

在设计栏目时，你要充分结合平台特性、账号定位、人物特色去落实，由于只设计一个栏目，所以要考虑栏目的内容适用性，要能与整个方向相匹配，如果栏目可兼容的内容选题过窄，长期的发展就很可能受限。

当然，你也可以在后续的内容运营过程中，适当增设栏目，阶段性地灵活调整。

单栏目的类型有很多，例如“吃不胖娘”做的就是一个相亲主题栏目，方向细化、具体，场景都是餐饮店。

2. 多栏目规划

在账号的多栏目规划中，每个栏目都是相对独立的信息单元，但多个栏目是有机的组合，各个栏目互为补充，共同构成账号的完整布局。每个不同的栏目都有其栏目宗旨、不同的内容细化方向，甚至有固定的发布时间。

品牌账号可以设计多个栏目，吸引不同类型的目标人群，或者满足目标对象不同类型的需求。

“丁香医生”就设计了健康问答、健身技巧两个栏目（见表 3-6），以满足目标群体对健康的知识性需求和技巧性需求，两个栏目相互独立且互为补充。

表 3-6

栏目	选题举例
健康问答	不吃晚饭能减肥？
	熬夜很伤身？
	燕窝的功效有多大？
健身技巧	深蹲这么做不粗腿
	一招轻松改善溜肩
	轻松矫正骨盆前倾

“潘多拉英语 by 轻课”设计了小课堂、小剧场两个栏目（见表 3-7），前者凸显专业性，后者节奏轻松、偏娱乐性。

表 3-7

栏目	选题举例
小课堂	5 句实用、地道的英语表达
	520 表达爱意的英文
	俚语：第一世界问题
小剧场	这波操作能打几分
	你说什么？风太大我没听清
	这个问题你能在 30 秒内回答出来吗

3.7.3 栏目内容发布规划

栏目的规划还包括对内容发布的数量、频率、时间等的规划。

在前期，你可以小步快跑地测试，坚持多发布内容，尽可能做到日更（每日更新），并在短时间内根据数据进行调整。

11:30 到 13:00 是一天中发布内容最容易获得更多推荐的时段，一天只发布一条视频的账号可以在这个时间段发布视频，一天发布多条视频的账号可以将几条视频中最优质的视频在这个时间段发布。

对于多栏目的账号，栏目的数量比例可进行调配，比如用户需求更多的内容比例更高，或制作成本较高的栏目可以少量求精，并且提前分配好不同栏目的发布时间。

3.8 数据驱动调整

视频在发布到抖音后，你需要关注数据，用数据验证账号的定位是否合适，用数据引导账号的运营调整。

3.8.1 系统随机性

抖音的算法复杂而精密，但毋庸置疑还是变化的。抖音会根据自身的发展需求进行各个方面的调整，平台上的海量账号间也会互相影响。抖音的系统具有一定的随机性。

抖音中出现过这样一种情况，某条视频在发布后数据表现一般，但由于创作者认为内容足够优质，就又发布了一次，结果在第二次发布后视频就火了。这就体现了抖音体系中的随机性。

正因为如此，摸清抖音平台的规则，善于利用其规律，可以达到事半功倍的效果。

3.8.2 用测试思维做内容，提炼可控因素

如果不参考数据做内容，那么结果很可能是在自嗨。

借助外部的数据分析，尤其是竞争对手的数据，就能帮助你少做大量无用功，你也可以从其他内容平台如微信中获取数据做分析，毕竟内容具有共通性。在没有数据可以参考的时候，你要有目的地创造数据。

1. 当一片空白时，不妨大胆地多尝试

当你毫无抖音号运营经验，甚至对内容制作还难以把控时，你不妨大胆地多尝试，一方面积累内容制作经验，提升内容的创作能力，另一方面创造数据，摸索抖音的规律。

你可以先发散性地思考内容怎么做，根据运营目标，有目的地设计、尝试不同类型的内容，从中找到适合自己的。

在尝试创作新内容时，你可以设置达到目标的时间，在时间期限内不断优化选题、内容创作力，如果达不到目标就放弃该类型的选题，尝试另一种，避免无头苍蝇式的乱撞。例如，前期可以设置 15 天内达到 10 万个粉丝、在生产的视频中有 2 个 1 万次点赞作品的目标。

不少“爆款”账号在前期也经过了一段时间的摸索、调整，才找准了内容的定位。例如，“多余和毛毛姐”，直到“毛毛姐”出现，才抓住了属于自己的独特、清晰定位，很难被模仿者超越；“酵母仙女”，直到转型，定位清晰、简化后，独具一格的复古范定位才让她火起来。

2. 对内容进行多维度细化分类

要想进行有实用性的分析，就要先将内容进行多维度的分类，跟踪不同维度下的数据，以提炼效果最好的关键元素。

对于非创意类的专业领域内容，如医学、教育、家装等，你可以从人群、目的、效果等维度分类。

以医学类的专业领域内容为例，你可以以人群为维度划分为儿

童、妇女、老人等，可以以科室为维度划分为内外科、呼吸科、妇产科、皮肤科等，也可以根据功能划分为急救常识、日常养生知识、运动康复技巧等。

以家装类的专业领域内容为例，你可以把房间按照空间划分为客厅、餐厅、厨房、卧室、卫生间等，可以按照人群划分为情侣房、儿童房、母婴房等，可以按照功能划分为游戏房、书房等。

3. 挖掘用户关注点，提炼可控因素

在进行多维度细化分类后，你可以有目的性地上线不同的选题，使用不同的表现方式和不同的运营方法，测试用户的反馈，记录对应的数据，寻找用户关注的内容点。

例如，通过“丁香医生”的点赞 TOP 30，你会发现内容多维度的数据结果：女性、日常养生、形体的话题更受欢迎，内容中的搞笑元素占比高。

提炼出用户关注内容的关键词：哈哈哈、叔贵、减肥……

例如，通过“尚品宅配家居”的视频内容分析，你会发现有关厨房、卫生间这两个空间的视频成为“爆款”的概率更大，变形家具是用户更感兴趣的产品，通过对空间改造提升居住舒适度的话题更受欢迎。

提炼出用户关注内容的关键词：厨房、卫生间、改造、我要……

通过挖掘用户理性和感性的关注点，你可以有针对性地调整定位，强化账号定位，还可以提炼出抖音号运营的可控因素，根据需要使用热门选题，提升内容创作的效率，毕竟选题对了就成功了一大半。

3.8.3　如何进行数据追踪

抖音号运营需要关注的常规数据有粉丝数、点赞数、转发数、评论数。

对于这些数据，你应该在不同维度（如内容分类、发布时间等）有目的性地根据效果追踪，而不能简单地对单个视频数据进行观察（见表 3-8）。

表 3-8

目的	措施
得到最佳发布时间	追踪一周、一天中最易涨粉的发布时间
得到热门选题方向	追踪不同选题的效果并比对

例如，关于发布时间对效果影响的追踪：一天中在哪个时间发布内容最容易涨粉？一周中在哪天发布内容最容易获赞？

关于内容类型的追踪：哪种类型的话题吸引的关注最多？

关于舆情的追踪：在一周内用户反馈最多的关键词是什么？用户对内容的情绪如何？

关于账号的动态信息：月度的粉丝变化量。

只有这样的数据跟踪，才能对账号的运营效果负责。

第 4 章
抖音如何引流变现

4.1 抖音生态系统中的流量体系

4.1.1 抖音的流量推荐机制

抖音的推荐机制是去中心化的，如图 4-1 所示，以内容为主体，用内容寻找分发的用户对象，而不是仅仅通过账号选择分发对象。

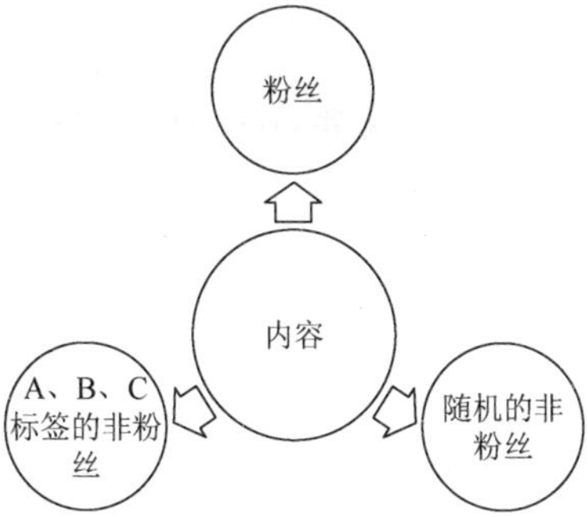

图 4-1

如图 4-2 所示，每条视频在发布后都会进入一个初级的小流量池，这是系统将视频分配给的小量级粉丝群体，系统会记录该视频的数据情况，如完播率、点赞数、评论数、转发数等。如果这些数据在初级的小流量池里表现优异，在一定时间内达到了相应的指标，那么视频将进一步被筛入更大的流量池中。如同打怪升级一般，优秀的内容层层递进，最终可能进入超级流量池，被推荐给亿万量级数量的用户，成为“爆款”。

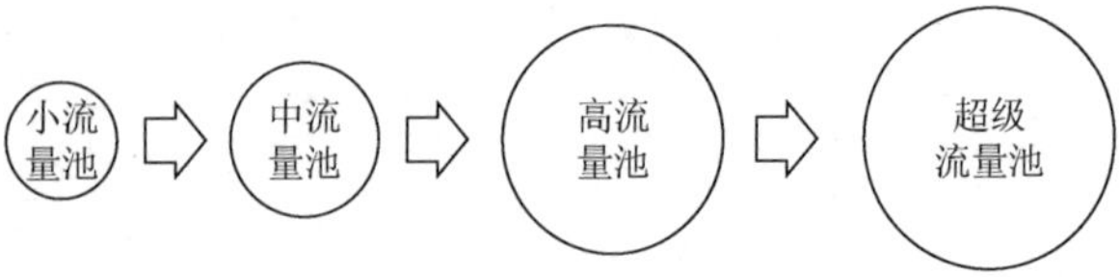

图 4-2

这种去中心化的分发机制也是吸引视频创作者的利器，因为它可以让优质的内容更容易被送达到大众面前，让优秀的创作者更容易在短时间内“逆袭”。

这种推荐机制也给了我们如图 4-3 所示的几条运营启示：①用数据驱动运营。在内容制作时要考虑完播率、点赞数、评论数、转发数，适当引导互动。②选择用户活跃的时段发布。③在视频发布后适当助力。这些做法有利于我们的视频进入一个又一个更大的流量池，我们不能让视频刚一发布就被卡在最小的流量池中。

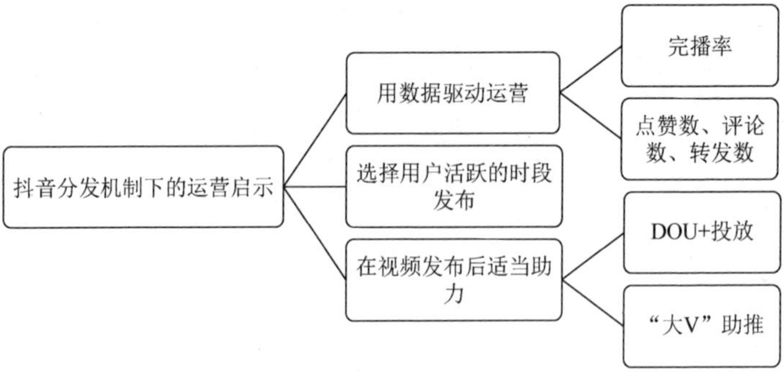

图 4-3

4.1.2　抖音的账号等级

抖音不是只通过账号来选择分发对象的，但这并不是说账号对于内容毫无助益。

恰恰相反，抖音平台本身会对账号进行数据跟踪，对账号进行分类贴标签，给予有优质内容沉淀的内容创作者更高的权限水平，对涉嫌广告的内容和账号限流，删除违规操作的账号，等等。

抖音的账号等级由低到高如图 4-4 所示。

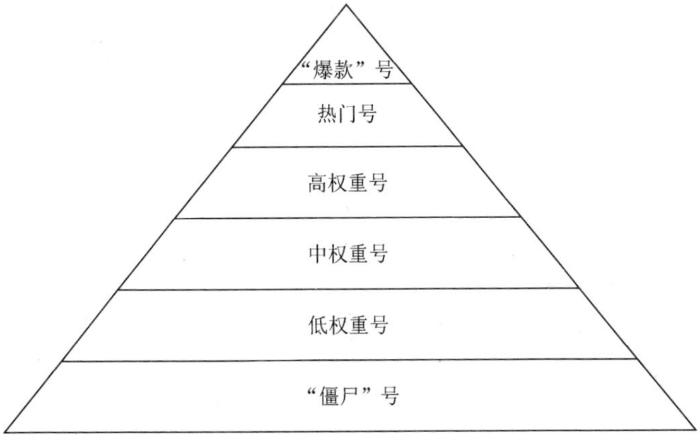

图 4-4

1. “僵尸”号

“僵尸”号，顾名思义是账号已经不“活”了，只有形而无魂，相当于废号。

判断的标准：持续一周新视频的播放量不超过 100 次。这样的账号虽然还能进行内容的发布，但无论发布什么样的内容，基本上都没有多少流量，因为系统根本不会把视频分发出去，甚至“僵尸”号的好友都不会收到被系统判断为“僵尸”号发布的视频，“僵尸”号大多是因为违规操作，如刷量、抄袭，或视频被系统判断为硬广告而被降权。

对于这种情况，你应该迅速注册新账号。对于已有一定粉丝数的账号，一定要多注意。如果被系统误判了，那么可以尝试申诉。

2. 低权重号

持续一周新视频的播放量为 100～200 次的账号则为低权重号，视频只会被推荐到小流量池。

如果长时间保持这种状态，则很可能被降为“僵尸”号。此时，你需要检查是否发布了硬广告，或者视频内容是否不能引起用户兴趣，或者视频质量是否过低。

你如果想提升权重，就需要持续发布较高质量的内容，以提升整个账号的视频播放量。

3. 中权重号

中权重号即待推荐账号，视频播放量为数千次。

在这种状态下，你如果能够持续产出较高质量的视频，视频就有可能被推荐进入下一个较大的流量池，成为一个点赞数破万次的小“爆款”。

4. 高权重号

视频超过 1 万次播放量的账号为高权重号，也是推荐账号。这种类型的账号发布的视频会被系统主动推荐，即使非粉丝用户也可能一进入抖音就看到视频。

一旦晋级为高权重号，粉丝数上涨速度极快。

5. 热门号

在持续一段时间的优质内容沉淀后，账号会逐步升级为热门号，系统会自动将每条视频放进高流量池中。优质、受欢迎的内容会享受到更多的流量。

6. “爆款”号

这种账号的视频条条都是“爆款”，基本上视频在发布后都能进入超级流量池，几乎每条视频都能获得数十万次点赞，可以参考“摩登兄弟”“多余和毛毛姐”等。

4.1.3 抖音的升降权

抖音号的等级并不是固定的，而是流动的，如图 4-5 所示，其上行机制有推荐、升级，下行机制有封号、限流、降权。

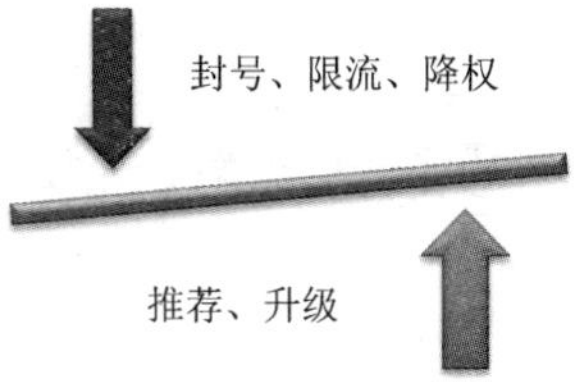

图 4-5

1. 抖音号等级的上行机制

1）推荐

你如果希望视频获得推荐，得到更多的流量，那么除了在内容上下功夫，还要多进行以下操作。

（1）蹭热门：你要多关注抖音当下的热门内容，尽量参与当下的热门话题，使用热门音乐，参与挑战赛、合拍等，这样更容易获得高流量。

（2）使用工具：你要多使用平台的工具，如道具、滤镜，尤其是新的热门工具，这样更容易获得系统推荐。

（3）互动：你要多与其他的“大 V”以及粉丝进行互动，如去正被系统高速、大量分发的视频下进行评论和回复粉丝评论等，尤其在视频刚发布时，可以提升引流效果。

2）升级

从长期来看，要想让账号不断地被提高权限，每条视频都被推进越来越大的流量池，获取越来越多的曝光，需要做到以下几点。

（1）守住底线：无违规、无社会负面影响，无论是内容、操作还是人物，都要符合平台规定。

（2）优质内容：视频内容有正向价值观，能打动粉丝，受粉丝欢迎。

（3）持续更新：每周都要保持更新，并且在平衡内容质量的同时尽可能高频地更新。

2. 抖音号等级的下行机制

1）封号

封号是指由于违规导致账号被封禁。

如图 4-6 所示，抖音在 2018 年 8 月封禁了 39 361 个账号，对审核的要求也不断提高。即使拥有数千万个粉丝的“大 V”账号，因个人的负面影响事件也难逃被封，所有粉丝与视频被一夜清空。所以，无论粉丝数多少，视频内容都必须符合平台的规则，作为网络名人应该谨言慎行，务必守住底线。

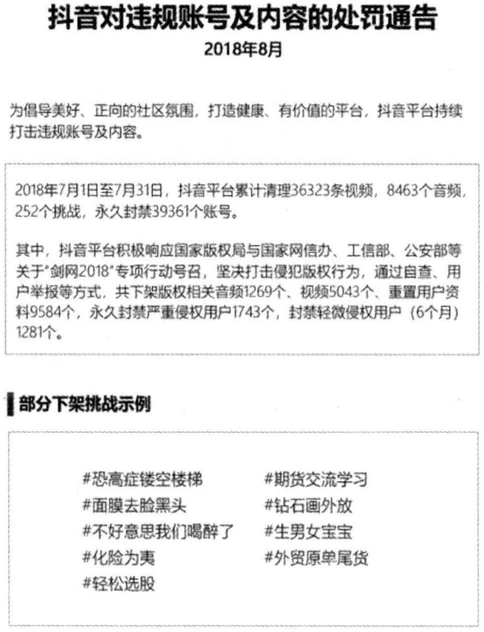

抖音对违规账号及内容的处罚通告

2018年8月

为倡导美好、正向的社区氛围，打造健康、有价值的平台，抖音平台持续打击违规账号及内容。

2018年7月1日至7月31日，抖音平台累计清理36323条视频，8463个音频，252个挑战，永久封禁39361个账号。

其中，抖音平台积极响应国家版权局与国家网信办、工信部、公安部等关于“剑网2018”专项行动号召，坚决打击侵犯版权行为，通过自查、用户举报等方式，共下架版权相关音频1269个、视频5043个、重置用户资料9584个，永久封禁严重侵权用户1743个，封禁轻微侵权用户（6个月）1281个。

部分下架挑战示例

#恐高症镂空楼梯
#面膜去脸黑头
#不好意思我们喝醉了
#化险为夷
#轻松选股
#期货交流学习
#钻石画外放
#生男女宝宝
#外贸原单尾货

图 4-6

2）限流

涉嫌广告、敏感词、违规操作的视频就有可能被限流，甚至根本无法发布。抖音平台系统有一系列的评判机制，专门审核标题中的文字、视频中的图形等，用以判断内容为广告、涉嫌违规、违法的可能性。

我们在发布视频时要避免使用过于强硬的广告内容、带有促销的敏感性字眼、品牌 logo 等。

每次视频在发布后，我们都需要用另外的账号检查视频是否正常，如视频能不能被看到、标题有没有正常显示等，如果有问题，就要调整后重新发布。

3）降权

如果以前账号的视频在发布后数据一直保持在某个平均水平，视频的内容质量也过关，但是突然从某条视频开始流量出现断崖式下跌，从此一蹶不振，那么必须要特别注意了。很可能账号已被降级为低权重号，甚至已被降权为“僵尸”号了。

首先，我们需要反复检查内容是否违规，有没有涉嫌广告、敏感词的内容，如果有就要迅速删除，若经过检查后并未发现违规的内容，则可能被系统误判了，此时就应该立刻向平台申诉，尽快解除限流。在被降权期间，即使发布视频流量也非常低，我们应该尽快处理后再发布新的内容。

你不要随意刷量，被系统判断出来也会被限流。如果确实是因为违规操作导致账号被降权为“僵尸”号，且申诉无用，那么你需要重新注册新账号。

4.1.4　在抖音的生态系统中，学会向外借力

在了解了抖音的流量推荐机制、账号权限级别、流动机制后，你就会发现抖音绝不是简单的内容平台。

它有圈层之分，有动态的流量分配体系，而接下来抖音的商业化程度也将越来越高，会更复杂、更丰富、更多元。抖音本质上是一个集内容、商业、社交等多种元素于一体的生态系统。

因此在运营抖音号时，你要把抖音号当作“一个人”来运营，除了不断地生产优质的视频内容，提升自身账号的竞争力，也要多审时度势，了解平台当下更容易获得流量的内容和玩法，结合自身优势适当地向外“借力”，顺势而上。在抖音中“借力”的对象可以是平台、其他账号，也可以是粉丝、非粉丝用户。巧借流量，顺势而为，就可以达到事半功倍的效果。

4.2 如何引流变现

4.2.1 三域理论

在 2018 年 GDMS 全球数字营销峰会上，抖音官方提出了“三域理论”营销流量场概念，如图 4-7 所示。抖音官方发布的《抖音短视频营销通案》以“公域流量”、“商域流量”和“私域流量”归纳流量在抖音平台中的沉淀和转化通路。

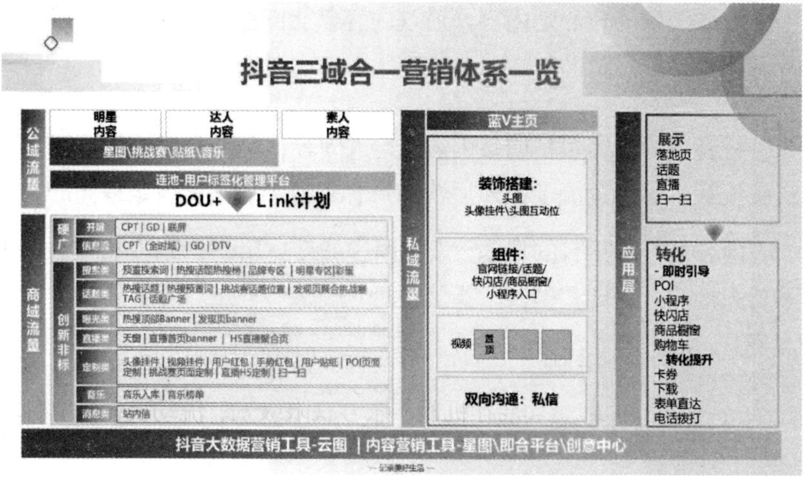

图 4-7

（1）公域流量：即该平台生态体系中的推荐流量。抖音的公域流量包括所有平台内的明星、达人、素人的内容和流量，以及所有相关的商业服务资源（如星图、挑战赛、贴纸、音乐）。DOU+和 Link 计划是抖音公域流量的推广工具。

（2）商域流量：即该平台内用于商业服务的广告流量。抖音的相关资源包括硬广类和创新非标类，如开屏、信息流、搜索类、话题类等。

（3）私域流量：即用户自己的流量资源。私域包括主页设置、相关展示内容和转化的应用。

三域流量的理论在应用上的基本思路即搭配公域、商域、私域流量形成矩阵式传播，并在运营中将公域、商域的流量不断地转化为私域流量。

4.2.2 公域引流

公域流量的核心是内容，通过内容赋能商业化。

1. 内容类

抖音中的内容包括明星内容、达人内容、素人内容，都可以享用公域流量，这部分流量在强运营的抖音平台中的优先级是最高的。

内容是抖音平台的根基，没有内容就没有用户，所以在内容上狠下功夫抢流量，比“砸钱”买流量更重要。

2. 商业服务资源

1）推广任务接单平台

星图是抖音官方的推广任务接单平台，主要为品牌主、MCN 机构、明星、达人提供中介服务，平台会从中收取分成或附加费用。

有营销推广需求的品牌主可以在星图平台中发布内容需求，并选择合适的明星、达人。

入驻的 MCN 机构或达人可以在星图平台中承接订单，并查看需求。

星图平台可以为供求双方提供多样化的服务，例如订单接收、签约达人管理、项目汇总、数据查看等，使他们的整个内容交易过程更顺畅。

同时，这也是抖音平台进行内容管理、达人管理的一种手段，通过星图平台，内容交易更规范化，同时通过 MCN 机构对旗下达人的管理，效率也更高。

2）内容共创方式

挑战赛、贴纸、音乐是抖音平台中进行内容共创的方式和工具。

（1）挑战赛。抖音挑战赛的玩法颇受欢迎，已经有众多国内外的知名品牌通过这种方式进行营销推广，包括天猫、京东、阿迪达斯、华为荣耀、肯德基等。

挑战赛的玩法：品牌方以发起挑战赛，与用户共创的方式生产内容，通过内容获得流量。天猫“双 11”、支付宝全球锦鲤、唯品会“616”、王老吉等都通过抖音挑战赛进行过营销。

（2）贴纸。贴纸是充满趣味且互动性更强的一种玩法，在 AI 技术的加持下，可以实现多种多样的效果，包括面部识别、表情识别、手势识别等，使用率高。在 2018 年春节期间，抖音用贴纸玩法加入“红包大战”。明星在视频中张开手即出现红包贴纸，用户点击屏幕即可领取。这种玩法趣味十足，为抖音在激烈的“红包大战”中赢得了一席之地。

（3）音乐。在抖音中，音乐是重要的内容。通过音乐共创，将品牌软植入音乐中，也是推广的形式。2019 年春节，支付宝发起的“#支付宝全球锦鲤挑战赛”主视频，就定制了一首令人印象深刻的“锦鲤之歌”。

3. 公域流量的推广工具

1）Link 计划

Link 计划：即连池，是抖音用户标签化管理平台，可以被理解为连接流量池。抖音算法将用户和内容标签化，Link 计划基于原生内容和商业需求的合理匹配，根据目标人群和场景特点定向，在视频中嵌入 Link 标签链接。标签链接被点击后可跳转外链及内链落地页，跳转链接包括 POI 聚合页、快闪店、小程序等。Link 计划可以帮助品牌有效地实现营销闭环。

2）DOU+

DOU+：即为视频付费加热的工具，可以提高视频的播放量和互动量。用户可以通过 DOU+为自己或他人账号中的某条视频购买流量。用户购买的 DOU+流量一般可以通过系统智能投放、自定义定向投放、达人相似粉丝投放的方式定向投放。

如何投放 DOU+进行推广?只需 3 步!

今日头条系的广告已经非常成熟，投放抖音的 DOU+非常便捷、简单，在移动端即可操作，且用 DOU+推广的视频不带广告字样。

第一步：进入 DOU+投放页。

如图 4-8 所示，打开需要推广的视频播放页，点击右下角转发按钮，在弹出的选项中，点击“DOU+”按钮即可。

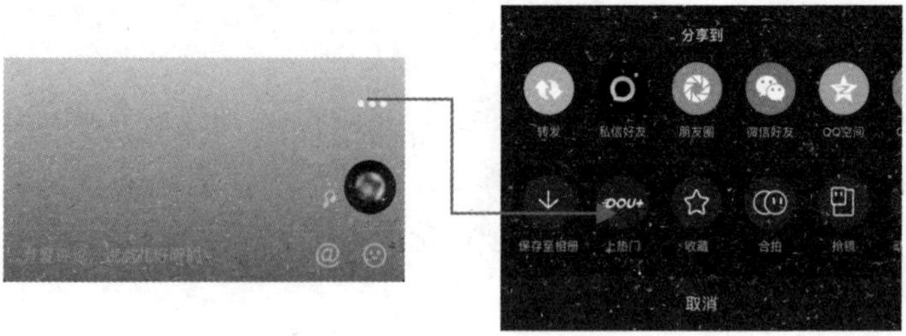

图 4-8

第二步：如图 4-9 所示，选择定向投放模式。

图 4-9

投放模式的选项包括期望提升目标、投放时长、投放方式、投放金额。

系统智能投放由系统自定义推荐给可能感兴趣的用户。自定义定向投放以我们个人的标准选择投放用户，包括用户性别、年龄、地域、兴趣标签等。另外，我们还可以选择达人相似粉丝投放。我们建议大家选择自定义定向投放。

第三步：下单付款，后台审核。

在下单付款后，视频将进行后台审核，在审核通过后视频就会被推荐给兴趣人群。

如何查看投放效果呢？在个人主页点击右上角的 按钮，选择“服务及订单”→“DOU+上热门”，即可查看订单，如图 4-10 所示。

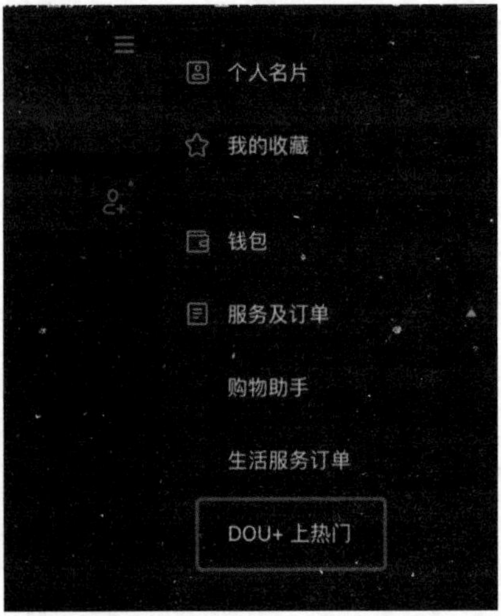

图 4-10

DOU+的引流效果如何？

DOU+每个订单的投放金额为 100～500 000 元，预计 100 元可以提高 5000 次播放量，但是真实结果与选择投放的精准度有关。DOU+比较适合用于视频启动阶段，让视频快速抵达较大的流量池，其操作非常简单，可以自投或者代投，这意味着粉丝可以通过这个方式为自己的偶像达人购买流量，帮助对方增加视频的曝光量。

其实最终的具体引流效果，还是要看视频内容的质量，好的内容自带流量，拥有强内容能力。

4.2.3 商域引流

商域流量分为硬广类和创新非标类。

1. 硬广类

硬广（即硬广告）包括开屏广告和信息流广告。

1）开屏广告

形式及时长：3 秒静态图片、4 秒动态图片、5 秒视频；

计费方式：CPT（Cost Per Time，按时间段展示的广告费用）、CPM（Cost Per Mille，每一千次展示的成本）。

价格：CPT 方式的价格为 280 万元/天，CPM 方式的价格为 20 万元起。

优缺点：优点是曝光量充足，缺点是不支持任何方式定向。

2）信息流广告

购买方式：有竞价购买、保量购买两种方式。

素材格式：大图、小图、组图、视频。

广告类型：落地页、App 直接下载。

计费方式：CPC（Cost Per Click，每次点击付费广告的费用）、OCPC（Optimized Cost Per Click，以目标转化为优化方式的每次点击出价，即经过优化的 CPC）、CPM、OCPM（Optimized Cost Per Mille，以目标转化为优化方式的千次展示出价，即经过优化的 CPM）。

投放方式：①竞价购买的广告可以直接在今日头条广告后台进行操作投放。②保量购买的广告（GD）则需要与抖音的工作人员具体对接，计费方式为 CPM。

优点：信息流广告的适用范围广，由于按效果收费，所以可以有一定的保障，其中保量的投放方式是可以确保在某个较短时间内得到预期流量的方式。

2. 创新非标类

创新非标类流量的展示形式非常多样化，还有很多与内容结合的创意方式，所以与植入广告相比并不强硬，还有很多是与用户的趣味互动，更容易被用户接受。

商域流量的创新非标类广告有以下类型：

（1）搜索类广告。搜索类广告有预设搜索词、热搜话题热搜榜、品牌专区、明星专区、彩蛋。

（2）话题类广告。话题类广告有热搜话题、热搜预置词、挑战赛话题位置、发现页聚合挑战赛 TAG、话题广场。

（3）曝光类广告。曝光类广告有热搜顶部 Banner、发现页 Banner。

（4）直播类广告。直播类广告有天窗、直播首页 Banner、H5 直播聚合页。

（5）定制类广告。定制类广告有头像挂件、视频挂件、用户红包、手势红包、用户贴纸、POI 页面定制、挑战赛页面定制、直播 H5 定制、扫一扫。

（6）音乐类广告。音乐类广告有音乐入库、音乐榜单。

（7）消息类广告。消息类广告有站内信的定制推送。

4.2.4 私域引流

私域引流的要点在于圈养粉丝、完善闭环、做好运营工作。

企业蓝 V 是抖音针对企业营销需求而打造的，既是一种身份标识，又为企业提供了专属的多样化的营销工具，可以满足企业营销的展示、转化需求。

企业蓝 V 可以获得身份特权，主要包括以下内容。

1. 蓝V身份标识

蓝 V 身份标识相当于官方认证账号的标识，优点是更易获得用户的信任，缺点则是身份标识代表了视频内容都是以品牌为出发点的，产出的内容需要更为优质与严谨，且在一定程度上限制了内容的选题，同时用户还可能感到较重的广告痕迹而产生排斥感。

2. 主页阵地搭建

头图、头像挂件、头图互动位可用于展示品牌的相关信息，为品牌做宣传。

3. 商家页面功能

如图 4-11 所示，“商家”是在主页中位于“作品”“动态”“喜欢”前的展示页面，有在线预订、店铺 POI（即地址定位）、特色服务等细分模块功能。企业号用户可以登录抖音企业号管理平台添加“商家”页面功能，并在企业号管理平台设置商业信息（如公司介绍、活动信息、图片、联系方式等）。企业号用户利用“在线预订”的功能，可以获得用户的电话，直接线上获客。

4. 组件

官网链接、话题、快闪店、橱窗、小程序入口等可用于承接企业品牌宣传物料和购物入口等，帮助企业更好地连接消费者。

5. POI

POI 是 Point of Interest 的缩写，译为“兴趣点”，实际上就是地址定位的功能，这是实现抖音推出的连接线上和线下的营销利器。企业可以通过 POI 功能获得具有唯一性的地址，在视频播放页的左下角处展示定位图标志，用户点击该图标就能看到定位中的全部视频内容，通过 POI 页面，企业可以向消费者推荐商品、优惠券、店铺活动等，有利于进行有效转化，POI 非常适合餐饮业、民宿等，通过与 DOU+、卡券等配合使用，可以提升到店率，真正将线上用户引流到线下转化。

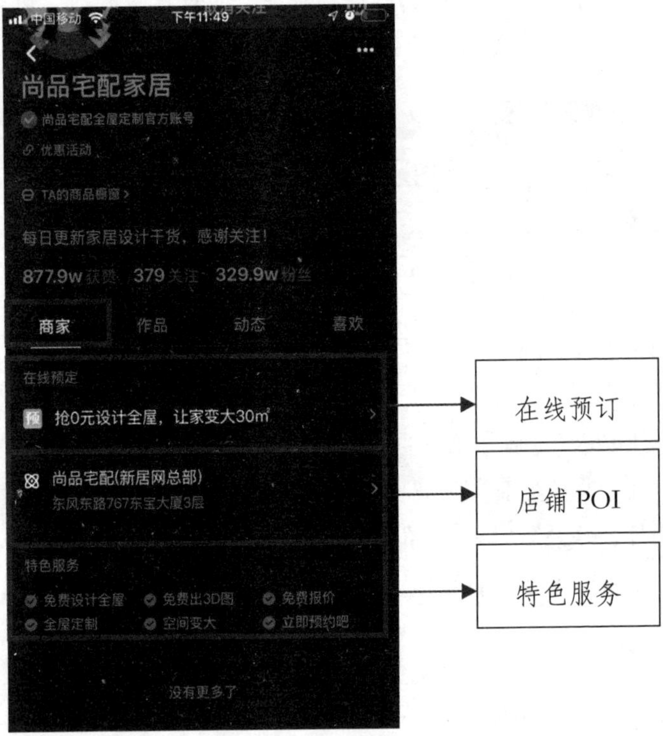

图 4-11

6. 优惠券

企业使用优惠券功能可以创建、管理卡券。企业可以在抖音中通过私信回复、自定义菜单以及相关广告产品进行卡券推广，卡券被用户领取后存储在卡包中。

在抖音企业号管理平台可以设置“优惠券”模块。企业号用户登录抖音企业号管理平台后，点击“店铺管理”→“营销活动”，可以看到两个卡券类型：一是扫码拍视频领券，二是店铺主页领券。

两种卡券适用于不同的营销环节。

扫码拍视频领券的玩法适用于借助线下门店的客户进行线上口碑传播。用户需要在线下门店扫店铺的抖音二维码，自动带上商家的店铺定位，拍视频并发布成功后即可领券，其门槛明显更高。

店铺主页领券的玩法适用于将线上用户引流至线下门店，进而转化为客户。商家可以直接在店铺详情页投放优惠券，用户在线上领取优惠券后，可以到线下门店进行消费。

7. 视频置顶功能

我们可以选择 3 条视频置顶，让它们展示在主页的顶部，用户在进入主页后更大可能性优先浏览置顶视频，这样有助于置顶视频的推广。

8. 双向私信

普通账号在没有互相关注的状态下，一方最多只能发 3 条私信，如图 4-12 所示。向未关注自己的账号发送消息，系统会提示最多只能发 3 条消息直至对方关注或回复才能正常聊天，而企业蓝 V 账号则可以畅通地使用与其他账号双向私信的功能。

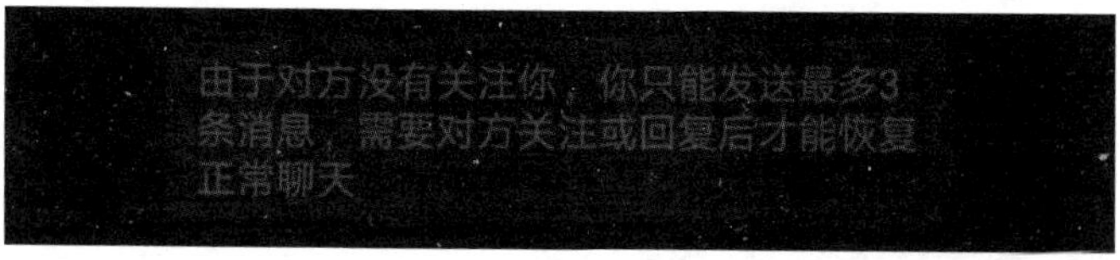

图 4-12

9. 搜索置顶

用户在搜索框搜索该品牌时，系统会将蓝V账号优先展示。

抖音企业蓝V认证的申请：可以在抖音官网的电脑端进行，向平台提供相应的资质材料并缴费，等待审核通过即可，一次认证的有效期为1年。使用今日头条的账号进行认证更便捷。抖音企业蓝V账号的功能在不断完善中，预计会推出更多帮助商家转化的功能。

目前，私域流量越来越受重视，因为它是真正属于企业自有的资产。

与其他流量相比，私域流量的可控性、可用性更强。在流量成本日益上涨和互联网日新月异的环境下，私域流量对于企业而言将越来越重要。企业只要经营好自己的私域流量，就拥有了稳定的发声口，无论是推广成本还是效果都将大大不同。

4.3 经典引流玩法与案例

上面分别介绍了公域流量、商域流量、私域流量，而实际上抖音营销推广往往并非在单一领域流量中进行，流量将在不同的领域中互相流动。我们的最终目标是将公域流量、商域流量转化为私域流量（如图4-13所示）。

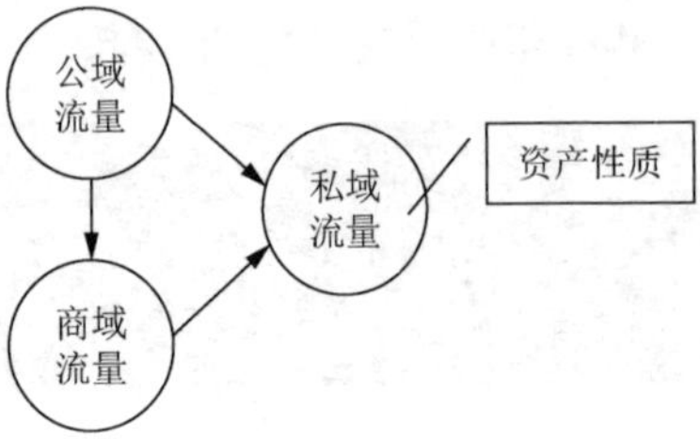

图 4-13

4.3.1　抖音的线上和线下引流法

在抖音营销中，有哪些经典的引流玩法呢？

1. 引流到线下

（1）POI+卡券。我们可以通过定位+发优惠券的方式吸引用户到线下门店消费。

（2）POI+DOU+。我们可以用 DOU+将视频定向推荐给更多兴趣用户，实现精准引流，并通过 POI 页面展示门店的信息。

（3）在线预订。如图 4-14 所示，我们使用在线预订的组件，可以获取用户的联系方式，以便后续进行进一步转化。

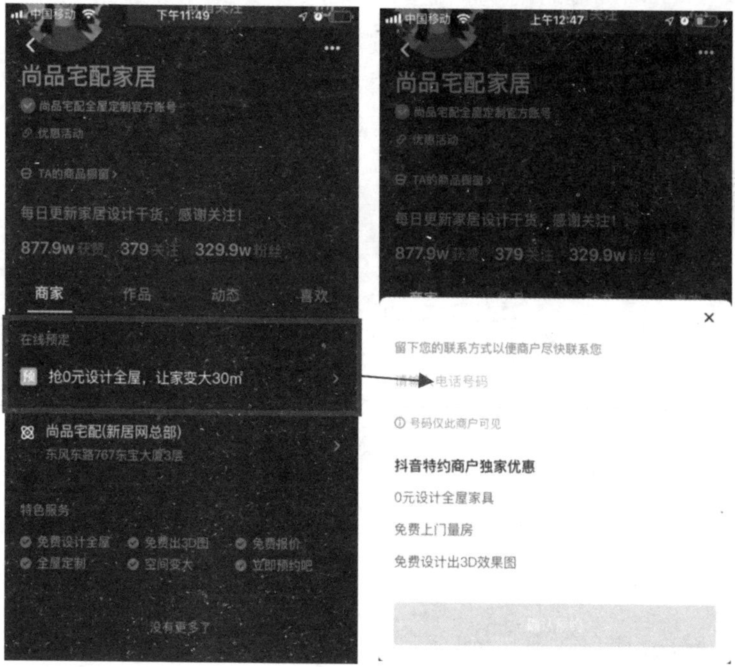

图 4-14

（4）产品链接。我们可以在视频播放页设置产品详情链接，用户在点击链接后页面会跳转到带有预约按钮的详情页，通过这种方式我们可以吸引粉丝留下联系方式预约，后续可继续由电话客服进行转化（如图 4-15 所示）。

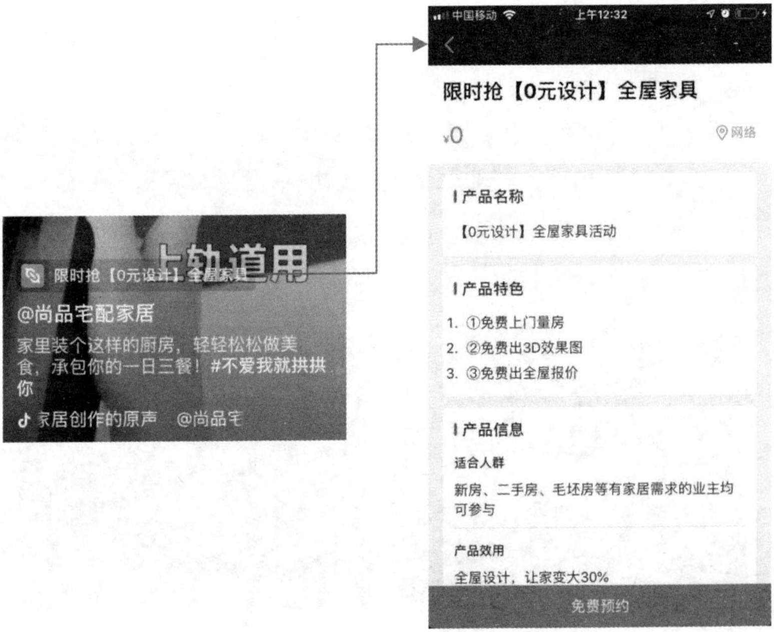

图 4-15

2. 引流到线上店铺

（1）购物车。我们在视频播放页放上购物车，可以把用户引流到商品详情页。

（2）直播。我们可以通过直播与用户实时互动、用口播推荐商品，并吸引粉丝点击购物车，进入商品详情页购买。

（3）商品橱窗。主页的商品橱窗按钮可链接到店铺。

3. 引流到微信

由于微信社交具有更强的黏性，引流到微信可以进一步地营销，更大可能地将用户转化，避免用户流失，这对于一些沟通成本较高的行业更重要。

（1）利用抖音的展示位置曝光微信号：主页的个人介绍、Banner图都可以展示微信号，抖音大号将粉丝引导到抖音小号再进行分流可以降低操作风险。

（2）私信：我们可以通过私信将微信号发送给粉丝进行推广。

4.3.2 三域引流的经典案例

品牌在进行抖音营销时，公域流量、商域流量、私域流量“三驾马车”可以同步驱使，打出更适合自身的营销组合拳，这样更能引爆流量，达到品效合一的效果。

案例：vivo 整合营销（如图 4-16 所示）。

图 4-16

抖音挑战赛主题：#这就是我的 logo。

播放量：截至 2018 年 10 月播放 16.8 亿次/截至 2019 年 6 月播放 30.7 亿次。

活动增粉数：23 万多个。

活动时间：参赛时间为 2018 年 9 月 28—30 日，开奖时间为 2018 年 10 月 20 日。

参与方式：使用指定音乐 *Call My Name* 与贴纸，带有话题“#这就是我的 logo”发布视频即可参加（中奖用户需为“vivo”官方抖音号粉丝、发布的抖音视频需带有官方挑战话题并@vivo）。

活动奖品：

①9 月 28—30 日期间，每日随机抽两位用户送出 vivo LOGO PHONE。

②普通用户的点赞数为前 23 名获得 XE 800 耳机、23～50 名获得移动电源。

贴纸 VV（Video View，视频播放量，是指在一个统计周期内视频被打开的次数之和）：使用 vivo 活动专属定制 AI 彩妆贴纸和 3D 贴纸的视频播放量为 1.46 亿次。

音乐 VV：使用 vivo 活动专属定制歌曲 *Call My Name* 的视频播放量为 6600 万次。

内容矩阵：明星+达人+普通用户的 UGC。

KOL 矩阵：蔡徐坤、ice、Lexie 刘柏辛、七舅脑爷、刘宇、杨恒瑞等抖音达人。

硬广推广策略：开屏广告+发现页 Banner+发现页话题视频展现+热搜榜+搜索话题置顶+站内信。

关于抖音挑战赛的 Tips：

①话题的互动性强：务必选择互动性强的话题，以便吸引更多用户主动参与。

②简单、易操作，指引明确：无论是音乐、舞蹈还是手势等，都要选择容易操作、好模仿的，这样简单、直接，门槛低，并且主办方应提供详尽的示范，才不会把用户拒之门外。

③奖励设置：对参与的用户设置具有高吸引力的奖品，这样用户更有动力参与，奖励设置除了本品牌的产品，也可以考虑活动目标人群的偏爱喜好，这样参与的用户会更精准。

④明星 KOL 策略：邀请具有粉丝基础、与需求相符、与品牌调性相符的明星 KOL 们发声造势，要注意不同 KOL 的粉丝覆盖群体的消重搭配。

⑤长尾效应持续传播：挑战赛有极强的长尾效应，在活动结束后仍然会持续传播，所以要做好相应的传播计划。

抖音营销的玩法非常多，如何打好组合拳很重要。同时，品牌、商家可以把抖音作为营销的平台之一，与微信、微博等其他新媒体，甚至旧媒体等结合，进行更大规模、更多样化的营销。

第 5 章
高效抖音团队的搭建与管理

5.1 抖音号运营者的现状与分工

虽然抖音号运营的门槛并不高，但是在人才市场中抖音号运营高手却少之又少。无论是个人还是企业，要运营抖音号都不难，难的是做出成绩，让品牌曝光，取得业绩。

5.1.1 抖音号运营者的现状

1. 现状一：单打独斗的运营者越来越少，专业团队作战是主流

不置可否，抖音中确实出现了不少大大小小的“网红”。

有些“网红”十分接地气，从视频的细节上看，有的制作未必十分专业，似乎在向大众释放着“一个普通人，随随便便拍几条视频就能成为‘网红’”的信号。

但事实的真相并非表面所见，绝大多数“网红”的背后都有专业的团队在操作，要想成为一个百万量级粉丝的抖音号，必定是持续性努力运营的结果。

如果你了解了其背后的逻辑（如表 5-1 所示），自然就能懂。

表 5-1

内容类型	优点	缺陷
UGC	内容贴近用户	个人难以量产，同时质量无法保障，变现困难
PGC	专业人士生产，内容可持续生产，质量有保障，变现有方法	传统的 PGC 不够贴近用户，部分缺少真实感

UGC（User-generated Content，用户生成内容，即用户原创内容）虽然接地气，但具有天生的缺陷，因为普通的个人很难持续性地生产优质内容。

如果没有专业的团队生产内容，那么因偶然而走红的“网红”从大众视野中消失的速度，很大概率比火起来的速度更快，这种例子比比皆是。

与 UGC 相比，传统的 PGC（Professionally-generated Content，专业生产内容）可以达到优质、可持续生产的要求，但过于专业化，往往与用户的距离很远。

我们要结合抖音平台的特性，既要做贴近用户、有人格化的内容，又要做可持续生产、优质的内容，必须结合两者的优点。

结合两者优点的方式就是，从表面上看采用个人账号的形式运营，打造人设，实际上由专业团队在背后进行内容生产，形似 UGC，但本质上是 PGC。

抖音粉丝数排行 TOP 10 的账号基本上都由专业团队运营。

那么，专业团队是如何抢夺流量的？如图 5-1 所示。

(1) 内容能力。团队中都会有专业的内容创作者，使得内容稳定、高质量地产出，能保证账号的内容不断更，这是账号的生存基础。

（2）运营推广能力。专业团队有优质、丰富的资源，且更早进入市场，内部团队已拥有成熟的运营推广体系，团队运作能力远高于个人。

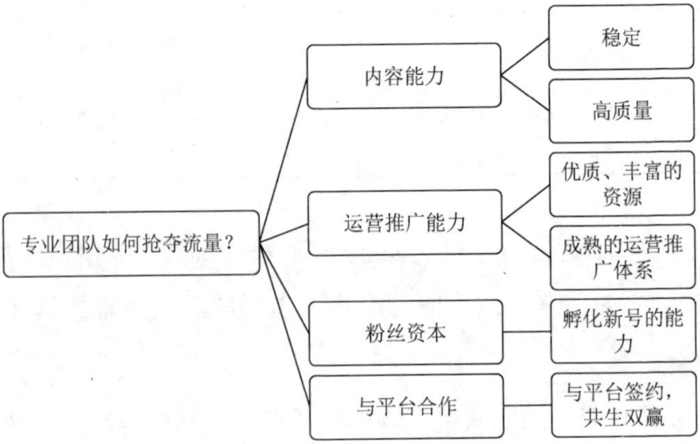

图 5-1

（3）粉丝资本。已经培养出大号的专业团队能利用已有的粉丝资源为内部小号引流，用极快的速度培育出新的小号，或与外部的流量大号互相引流，吸引更多的粉丝。

（4）与平台合作。达人、MCN 机构可以与平台签约合作，前者为平台生产优质的内容，后者提供更多的流量扶持，达到共生双赢。

专业团队已经抢夺了平台的主要流量，极大地压缩了个人运营者的空间。

长期而言，单打独斗的运营者的命运只有如图 5-2 所示的 3 种，而且越到平台发展的后期，资源的重要性越大。

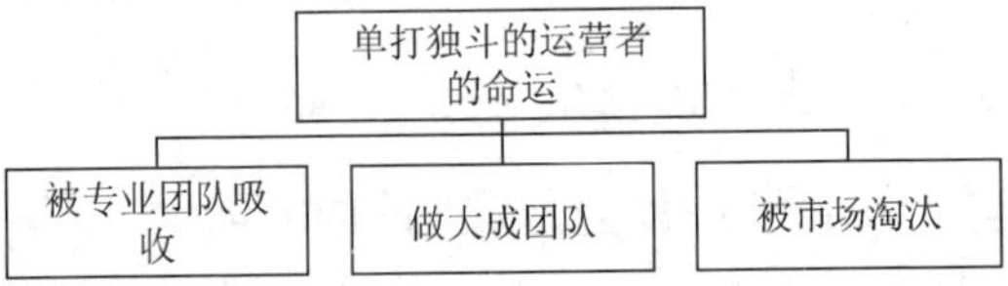

图 5-2

2. 现状二：门槛不高，顶尖人才却很少

抖音视频的制作门槛并不高，年轻的“泛 95 后”是抖音号运营的主力人员。在抖音中，只有 1%的用户粉丝数过万，可见虽然门槛低，但是真正的顶尖人才却少之又少。

各种工具极大地简化了原本烦琐的视频拍摄、剪辑工作，抖音号运营的重难点在于如何持续生产用户喜爱的内容，如何利用优质内容连接、触动用户的心理。

5.1.2　抖音号运营者的分工

要持续运营一个抖音号，需要有如图 5-3 所示的 6 个职能分工。

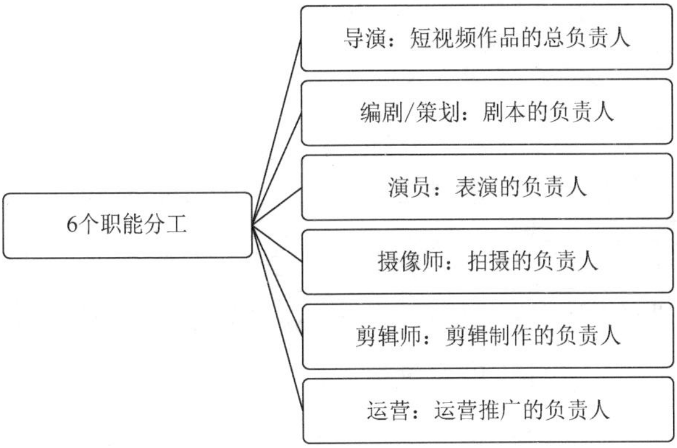

图 5-3

1. 导演

导演是短视频作品的总负责人，负责人员的组织、工作的协调、成品的质量把控。

2. 编剧/策划

编剧/策划进行短视频剧本的创作，负责内容的选题与策划、人

设的打造。

3. 演员

演员根据剧本进行表演，包括唱歌、跳舞等才艺表演，或根据剧情、人物设定特色进行演绎。

4. 摄像师

摄像师负责拍摄剧本要求的镜头。

5. 剪辑师

剪辑师对画面素材和声音素材进行筛选、整理、剪辑，将原本分割的素材进行合成，制作成完整的抖音短视频。

6. 运营

运营负责抖音号的运营、推广，包括账号信息的维护更新、短视频的发布、粉丝互动、数据收集与跟踪、短视频的推广、账号的广告投放等。

越专业的内容生产团队，其分工越精细化，每个部分的工作都由专业人士负责，整体上内容更精良。

很多抖音号在刚开始运营时，由于效果、收益暂时不可预见，并不能在前期就达到每个职能分工都有专人负责的团队配置。

在这种情况下，我们可以根据实际条件调整承担相应职能的人。例如，在仅有 3 个人的情况下，将 6 个职能中能力关联较强的工作内容合并，分给相应的人，可以将导演、编剧、运营的工作合并交给一个人负责，将摄像师、剪辑师的工作交由一个人负责，将演员的工作交由一个人负责（如图 5-4 所示）。

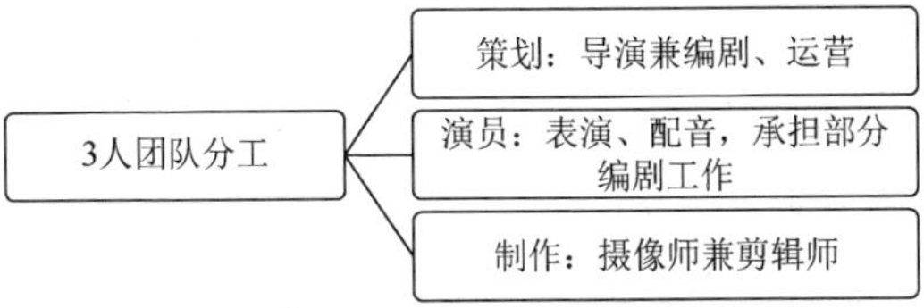

图 5-4

5.2　抖音号运营团队的组建

抖音号的运营人员的配置在很大程度上决定了账号能做出多大的成绩。人员在精而不在多，团队能否源源不断地产出优质、有创意、打动用户的内容很关键。

5.2.1　抖音号的运营素质能力要求

在进行抖音号的运营人员的选拔或进行人员能力的培养时，图 5-5 所示的要求很重要。

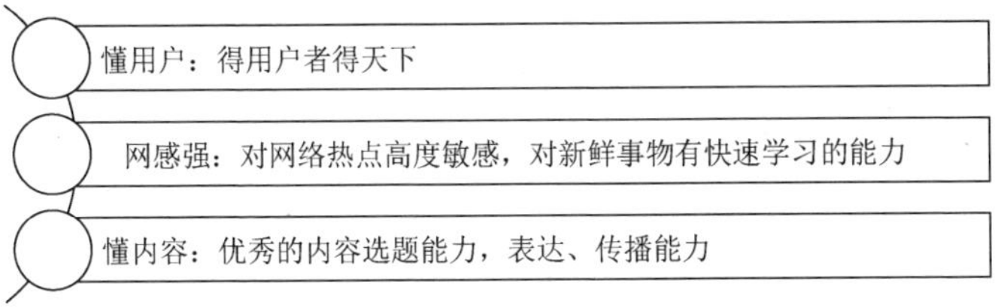

图 5-5

1. 懂用户

要想获得用户的关注，与用户保持互动，你必须先懂用户。

你要具备对用户的洞察力，对用户的典型性特质、行为、心理感受、需求等要了如指掌，还要懂得如何驱动用户、把控用户心理。

你要想获得这种洞察力，首先要把自己当作一个真实的用户，并且在相同的场景中进行体验，了解用户的真实体验感。作为抖音号的运营人员，你要想培养起对平台用户的洞察能力，首先要让自己成为一个抖音重度使用者，充分了解平台的特点，感受用户的体验，看看哪些视频能触动你、你为何会关注一个账号、是什么驱动你进行互动。

2. 网感强

网感强体现在能快速获得网络热点资讯，对网络事物有感知、预见能力，对大众关注的热点高度敏感，对网络新鲜事物有快速学习的能力。

你要了解当前有什么备受关注的网络热点事件，有哪些很火的明星、电视剧、电影、歌曲、短视频，有什么流行的网络用语、表情包，能预测什么样的网络事件可能会火爆，能预测用户可能对该事件有怎样的反应，能使用网络上流行的词语和表达方式与用户沟通，等等。

3. 懂内容

你要懂得用清晰、简单、直接的语言，用大众乐于接受的方式，准确地向用户传达有价值的信息。

你要具备优秀的选题能力，知道用户对哪种内容感兴趣，能通过运营方法获取用户感兴趣的内容板块，能把控用户对短视频内容的视听体验，有良好的视觉、听觉审美，将内容通过良好的体验方式传达给用户。

5.2.2 如何配置团队人员

运营抖音号一般怎样配置人员？

如表 5-2 所示，我们可以按资源投入和目标要求把人员配置分为高配、中配、低配三个级别。

表 5-2

<table>
<tr><th>高配</th><th>中配</th><th>低配</th></tr>
<tr><td>编剧</td><td rowspan="4">内容运营</td><td rowspan="10">自编、自导、自演、自拍、自剪的万能“小编”</td></tr>
<tr><td>导演</td></tr>
<tr><td>道具人员</td></tr>
<tr><td>运营</td></tr>
<tr><td>演员</td><td rowspan="3">演员</td></tr>
<tr><td>化妆师</td></tr>
<tr><td>配音师</td></tr>
<tr><td>美工</td><td rowspan="3">视频制作人员</td></tr>
<tr><td>剪辑师</td></tr>
<tr><td>摄影师</td></tr>
</table>

对于一个业务，初期能做到高配，即给每个职能岗位配置专人的企业是极少数的。

一般而言，性价比最高的是 2～3 人的中配，一个把控整体的内容运营、一个视频制作人员，而对出镜人员要求高的必须配置至少一名演员。

如果企业只需要偶尔在抖音中宣传，没有特别高的曝光要求，也没有变现目标，那么只需要一个万能“小编”。

对于不同类型的账号，人员配备的标准各不相同。布局多账号的抖音矩阵，可以根据重要程度分配人员。

5.2.3　抖音矩阵号团队的高效分工

人力资源是抖音号运营的最重要资源，高效的分工可以提高整个团队的产出与效益。

提高团队整体的产能的方法如下。

1. 一人兼多职，提高人效

在招聘时，我们要配齐团队所必需的不同专业特长的人员。例如，能把控内容、拍摄画面、剪辑、表演四个方面的人才各一个。每个具有专长的人进入团队，都能提升整个团队的相应能力。

我们要让有专长者传授相应的技能给团队的其他人员，提倡自学和互相学习，使部分成员成为多面手，能将更近领域的工作内容合并，一人兼多职，从而提高效率。

2. 布局抖音矩阵

布局抖音矩阵，同时运营多个不同的账号，有利于将内容向更大的群体范围推广。

在团队运营抖音号时，每增加一个账号的边际成本是降低的。比如，运营一个抖音号需要 3 个人，运营 2 个抖音号可能只需要 5 个人，运营 3 个抖音号可能只需要 7 个人。

在运营多个抖音号时，团队中可以共用的资源很多，如优质的剧本、拍摄场景等，还有人力资源。例如，一个演员如果只负责出镜，那么可以同时负责多个不同抖音号的出镜工作，并不一定每个账号都由一个专门的演员负责出镜。

同时运营多个账号，并进行合理分工，人均的产出同样会提高。

3. 根据账号的生命周期调整分工

每个抖音号都有生命周期，账号在不同的发展阶段会有不同的需要和不同的数据表现。对账号运用阶段性的运营策略，可以将效益最大化。

账号在导入期、成长期时上升的空间巨大，此时可以小步快跑，集中人力高效地运营账号，获得抖音平台的流量。

账号在从成熟期逐步进入衰退期后，已经很难有粉丝数的增长，甚至很大可能会“退粉”。此时，我们在旧账号上做内容的性价比低于运营新号，就可以减少旧账号上的内容发布，保持旧账号活跃权限不下降即可，把精力转向新号的孵化，通过大号引流，并把已有的成功模式复制到新号上。

通过这种方式，利用抖音平台的特点，整体上而言可以获得更高的流量。

5.3　不同的团队配置如何运营抖音号

无论是个人还是企业，运营抖音号的想法和目标可能千差万别。有的出于爱好，有的希望通过抖音成为一名“网红”，有的想把抖音当成一个挣钱的渠道。

目标和回报预期不同，投入的资源自然不同。

对于不同类型的内容，创作的工作量和难度都不同，所需要的人员配置自然也不同。例如，对于少数的资源丰富的专业内容团队而言，分工越精细，制作越精良。但大多数企业或个人能投入抖音视频的人员数量、能力都是有限的，此时可以根据实际情况选择不同类型的内容，或将多个负责内容生产的小团队在业务上进行有机整合，例如不同内容小团队共享优质的剧本，以达到效益的最大化。

那么不同数量的人去运营抖音号，要如何做呢？

5.3.1　一个人运营

在这种情况下，人力非常有限，甚至有的人还要同时兼顾其他工作，如微信公众号、微博等账号的运营，可以说真的是万能“小编”！

也有的人把拍摄短视频作为爱好，还有的人是在起步阶段的内容创业者，暂时只是一个人在负责。

还好抖音号运营的门槛并不高，在起步阶段一个人也是有机会做好的，当然要建立在运营者有较高的综合能力、快速学习能力的基础上。

对于一个人运营的抖音号，我们建议选择制作简单、工作量小的内容形式，如图片式、字幕式、视频二次剪辑、Vlog 等。

图片式、字幕式、视频二次剪辑都属于二次创作类内容，不需要亲自采集素材，内容多为整合，省去了拍摄的工作，不需要出镜人，写剧本和剪辑的工作也大大简化了，整体的工作量和难度并不大，一个人完全可以独立操作。

使用 Vlog 记录生活，与前面的二次创作类内容相比，更能强调人格化的属性，工作量很可能会更大，由于视频素材是拍摄采集而来的，不会涉及侵权问题。

这些内容形式的优势在于选题简单、产量高、速度快、成本低、操作难度低。同时，也有一定劣势，如图片式、字幕式、视频二次剪辑这些二次创作类内容的“天花板”低，且容易出现侵权问题，不合适品牌传播。

5.3.2 2~3个人运营

2~3 个人的运营团队，算是普通企业的精简标配了，尤其在尝试运营抖音号时，这种人员配置已经足够完成不同类型的内容了。

在这种情况下，我们建议选择实拍的形式，可以选用的内容类型有小剧场、知识讲解、技能教学等。

这种团队配置的优势在于适合打造 IP，更具真实感，性价比高，

“天花板”高，适用范围广。

5.3.3　5个人以上的团队运营

对于 5 个人以上的团队，人力已经比较充足，发展的空间更大、可能性更多。

我们可以根据业务的需求、团队人员的实际情况等从深度或宽度上寻求发展（如图 5-6 所示）。

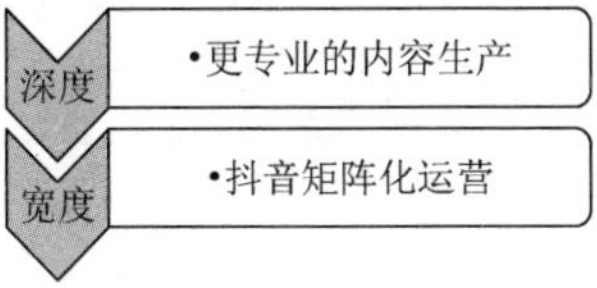

图 5-6

比如，从深度上进行专业度更高的内容生产。例如，拍摄多人剧场型视频，在剧本、拍摄、表演上都选取专业的人员；拍摄动画类型视频，选取专业的漫画家、策划人员、特效师、剪辑师等，制作上可以达到精良、专业的水平，专业度越高，内容的可取代性越低，“天花板”越高，越容易打造出标杆抖音号。

比如，从宽度上搭建、运营抖音矩阵号。我们可以制作不同类型的视频，打造多个不同的 IP，采用矩阵形式，在数量上、类型的丰富性上取胜，取得更高的回报。

当然，我们也可以根据团队的不同阶段，从深度与宽度上共同发展。前期，着力做一个账号的内容深耕，打造出一个“爆款”；后期，将摸索出的成功模式进行复制，在团队的壮大中同步壮大抖音矩阵。

有高产出要求的团队，不妨按此策略进行抖音号运营。

5.3.4 外包运营

有的企业选择了将抖音业务外包。采用外包形式最重要的就是挑选代运营公司，管理相关的团队。挑选代运营公司的注意点如图 5-7 所示。

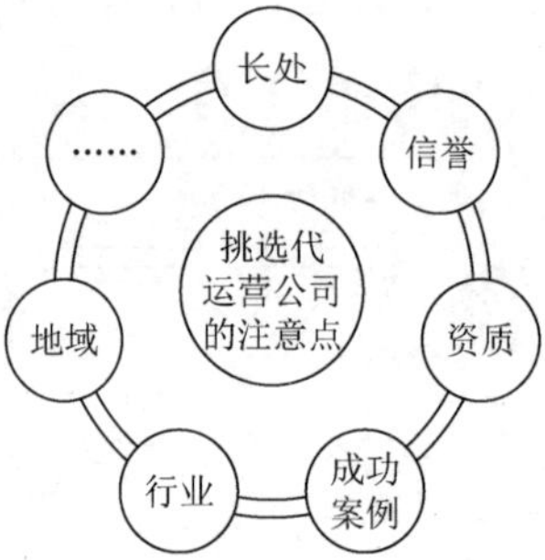

图 5-7

在选择代运营公司时，你要综合考虑业务的需求，代运营公司的长处、信誉、资质等。如果你更注重内容，就选择内容生产能力强的团队。如果你需要投放广告，就需要选择有相关资质的团队。你要选择有相关行业经验、有优秀案例的外包团队。抖音也有官方合作的 MCN 机构和星图服务商可供选择。

即使将抖音号运营进行外包，也并不意味着可以一劳永逸。对接外包团队仍然是一项重要的工作，外包项目是否能够顺利完成在很大程度上取决于与外包团队的协作。因此，处理好与团队的关系，把控好运营方向、确保内容无误是重要的工作内容。

5.4 人员的管理

5.4.1 工作流程

在管理整个抖音号运营项目时，少不了要梳理、建立工作流程。由于每个公司的业务、目标、人员都各不相同，因此流程需要根据业务与团队的具体情况而定。

下面仅以最有代表意义的 2～3 人团队举例说明。

工作的流程表如表 5-3 所示。

表 5-3

阶段	工作	具体内容
1	剧本	创作剧本
		调整剧本
		剧本审核及优化，直至定稿
2	拍摄和录音	拍摄视频
		录制配音
		检查并补拍素材
		素材审核及优化，直至素材确定
3	剪辑	选用素材并剪辑
		剪辑优化
		视频评审及优化，直至完稿
4	编辑和发布	编辑视频标题、封面并发布至抖音
		同步分发到快手、西瓜视频等平台
5	运营	互动：留言回复、与粉丝互动等
		数据跟踪：查看播放量是否正常
6	复盘	日数据播报+日复盘
		提出优化策略并执行
		周/月/季节点性复盘

流程不可逆行，当一个步骤结束后，应当进入下一步，若无原则性问题则不可回到上一步反复修改、拖垮进度，以免影响团队的配合效率与体验。由此可以倒逼负责该环节的人减少错误，自我成长。

5.4.2 如何设置抖音号运营的KPI

没有成果的运营是无意义的，无论是对员工还是对企业，设置合理的 KPI 对双方都有益处。KPI 的设置可以为团队的工作提供明确的结果导向，激励团队达到企业运营抖音号的目的，创造成果。

在设置 KPI 前，你应该先明白设置抖音号运营 KPI 的原则。

（1）与企业运营抖音号的目的、目标一致，符合企业特点。

（2）重点抓关键问题，设置 3 个左右为佳，如果什么都考核就失去了指引的作用。

（3）与岗位职责相符，不设置与该岗位无关的指标，否则就会打击积极性。

（4）数据可取与真实，数据要容易获取、具有代表性、真实。

依照上面的 4 个原则，我们应当先明确一个问题：在当前阶段，我们运营抖音号的目的是什么?无非有 3 个目的：品牌宣传、打造“网红”和卖货。我们要根据这 3 个目的设置相应的 KPI。

1. 以品牌宣传为目的的KPI设置

在这种情况下，我们肯定希望品牌得到更多的曝光，能被更多的抖音用户看到。此时，我们的立足点是内容，内容传播的效果是我们衡量抖音号运营成果的标准。

1）内容运营成果指标

对于内容运营成果，我们可以设置以下指标。

（1）曝光量：抖音号在固定时间段内（一般是一个月）的总浏览量。

（2）增粉数：抖音号在当月的净增粉丝数。增粉数用来衡量作为媒体属性的影响力是否增长。

（3）互动量：包括点赞、评论、转发的数量。

2）内容生产能力指标

对于内容生产能力较弱的团队或个人，我们可以设置与能力相关性高的过程指标，以激励其不断提升内容生产能力。

（1）原创视频数：纯原创内容的数量。我们不仅要控制账号中原创内容的比例，还要对个人的原创能力提出要求，为了长期良好的发展要尽可能做原创内容。

（2）“爆款”视频数：优质内容的数量。我们建议这个指标根据当前账号的情况来定。例如，如果账号刚刚开始运营，1000 次点赞的视频很少，那么我们可以把点赞 1000 次以上的视频定为“爆款”，若运营一段时间后，1000 次点赞很常见，但 1 万次点赞很难得，就可以把超过 1 万次点赞的视频定为“爆款”。设置“爆款”视频数的指标是为了提高内容质量，避免出现以数取胜的情况。

如果账号对视频的创新、创意要求更高，那么也可以将原创视频数改成创意视频数。

3）投放效果指标

对于有广告投放的账号而言，可以设置如下的相关指标：

（1）流量来源渠道数：以流量来源渠道数作为其中一个指标，不断地寻找下一个新的、有效的、优质的获客渠道。

（2）各个渠道推广的效果：比如，抖音信息流广告获得了多少次曝光、DOU+获得了多少个粉丝、投放了多少个“网红”广告，分别获得了多少次曝光、引流了多少个粉丝等。

（3）投放的成本：每个渠道曝光、粉丝的成本。

2. 以打造“网红”为目的的KPI设置

以打造“网红”为目的的账号，一般以“网红”的影响力、账号的广告收益为指标。

1）内容运营成果指标

账号是以“网红”为立足点的，而“网红”的影响力依然是通过内容运营的成果来体现的，体现其内容运营效果的数据主要为粉丝数、互动量，可以设置以下指标。

（1）增粉数。

（2）曝光量。

（3）粉丝互动：点赞数、评论数、转发数。

（4）KOL 互动：与抖音其他“网红”进行互推引流，或与其他 KOL 进行评论互动，这些都能有效地为账号引流、涨粉。

抖音“网红”将人气变现的一大途径就是卖广告。但由于抖音平台的规定，在抖音中打广告其实是一件颇具风险的事情，如果没有处理好，可能就会因为投放了“垃圾广告”被限流，甚至账号被封禁。

因而抖音“网红”做广告都必须小心翼翼，在选择广告主、产品时要很注意。目前，大多数抖音“网红”并不追求在抖音平台上大量变现，更多的是在维护粉丝的基础上有选择性地植入软广告，变现的途径也不完全在抖音中。

2）账号收益指标

（1）广告成交额：当月售卖广告获得的金额。

（2）成交单数：当月成功售卖的广告数。

（3）客单价：单个客户成交的价格。

3. 以卖货为目的的KPI设置

以卖货为目的的账号，相当于将抖音做成一个销售渠道。这类账号以客户为中心进行内容运营。与粉丝相比，能购买商品的客户更重要，客户数而不是粉丝数决定了账号带货的能力。抖音号的立足点在于商品。

我们可以设置以下指标，其中成交订单指标是其首要指标。

1）成交订单指标

（1）成交额：当月达成交易的总金额。

（2）订单数：当月成交的订单数。

（3）客单价：当月每个成交订单的平均价格。

2）客户指标

（1）成交客户数：真正购买产品，从抖音用户转化为客户的人数。

（2）商品页浏览数。

3）商品相关指标

（1）商品的 SKU。

（2）商品的好评率。

（3）商品的库存。

在设置 KPI 时，我们要先以当前企业真实的业务情况为依据，参考同行业其他企业的业务情况、同公司不同渠道的业绩情况，以及季节性因素，制定合理的指标。

同时，我们还要考虑当前团队的人员水平与人力资源。在团队还没有成熟的抖音号运营经验或人力非常有限的情况下，设置超过团队匹配的 KPI，会使团队压力过大，有很大概率既完不成目标又打击了团队的积极性；相反地，若目标设置得过低，则很可能难出成果，在无挑战性目标的情况下，如温水煮青蛙，培养不出有激情、有战斗力的团队。

此外，我们要根据每个人的核心工作职责设置 KPI，指标在精而不在多，应当与该运营人员强相关，并且运营人员在一定程度上要能把控这些指标，这才能对个人的工作具有真正的驱动作用。

5.4.3 团队协作

绝大多数抖音号运营都采用团队协作的模式，要想提升运营效率，必须先提升团队协作效率。高效的团队协作，必须有高效的沟通、有序的分工、明确的责任，同时要保障团队的稳定，就需要使团队人员成长。

提升团队协作的效率，需要做以下几件事。

1. 明确分工与责任

2016 年 9 月发布的抖音本身是个年轻的产品，除了部分原本就在进行视频创作的团队，大多数抖音号运营团队成立的时间都非常短，还可能未必是视频创作的熟手。这些团队不仅组建时间不长，还要面对变化快速的抖音平台，以及企业可能并不低的目标要求。

在这种情况下，快速地明确团队成员的分工与责任，是建立团队内部秩序，培养默契，减少内耗，以更多精力共同面对平台与企业的要求。

如何快速明确分工与责任？

我们可以根据团队人员的实际分工，为每个岗位制定相应的岗位说明书，说明清楚每个岗位的工作内容、工作职责等。

在策划阶段，我们可以共同研讨以吸取更多的创意，而在执行时各司其职。例如，故事情节、台词等由剧本负责人把控，拍摄角度、特效创意等视觉效果由摄像师和剪辑师把控发挥，剧情的演绎、表达由演员发挥。专业的事要让专业的人来做，每个人都要在自己的专业上有发挥的空间与把控力，并且把控的权利应当是与责任相对应的。例如，如果剪辑师在添加字幕的环节出现了问题，他就要承担责任；如果演员在配音时出现了错误，他就要承担责任。

明确、清晰的分工与责任，要以书面形式记录下来，并向团队宣读，以确保每个人都能明确团队所有人的工作内容与责任归属。既要避免一项工作由多人负责，因意见不统一，沟通反复而导致资源、时间浪费，又要避免因权责不清，出现问题时互相推脱的情况发生。

2. 善用工具进行高效沟通

建立高效的沟通、对接方法，不仅能避免过多返工，节约时间、人力成本，还能使团队氛围更融洽。

团队提前达成沟通、对接的共识很重要，不妨一起聊聊对接时的需求表达内容，把可能出现返工的问题消灭掉，并根据对接时需要的信息采集标准，形成各个专门的沟通文档。

1）选题表

选题表（某家装账号的选题表如表 5-4 所示）用于团队内部的初步创意搜集、选题讨论，能简明、扼要地说明选题的内容即可。选题表包括以下基础信息：痛点描述、视频的展现形式、标题。

表 5-4

日期	姓名	痛点描述	视频的展现形式	标题
7 月 1 日	×××	装修清单看不懂	在网上下载一份装修清单，打印，把重点标出来，采用图片加配音的方式，告诉粉丝哪些要重点看，哪些容易有“坑”	装修费用“水很深”，教你如何看懂装修清单
7 月 2 日	×××	新房验收宝典	图文展现	资深验房师总结出来的 15 条验房经验，真要看，别被坑了都不知道
7 月 3 日	×××	马桶周边污迹满满，清洗起来很麻烦	拍摄一个很脏的马桶，主人很痛苦地拿着刷子刷马桶，画面一转，主人直接拿起喷枪龙头对着马桶，一下子就清洗干净了	有了这个黑科技，清洗马桶也可以很优雅

2）剧本

在确定了选题后，负责编剧的工作人员要进行剧本的撰写。不同于影视剧复杂、专业的制作，抖音的剧本追求实用性、快速可用、简单，以文案为主体，并要交代拍摄场景、拍摄要求、后期制作需求等。

剧本可以参考表 5-5（某家装账号的拍摄剧本）。

表 5-5

标题	4 平方米的卫生间如何合理设计
台词	一、洗手台堆满东西，拿起一个，碰倒一堆，定制一个收纳型洗手台，镜柜收纳化妆品，侧柜放洗漱用品，下方抽屉放不常用的吹风筒、纸巾等；二、卫生间不通风，经常有难闻的味道，用了白色塑料百叶窗帘，既透气，又方便打扫；三、洗一次澡，卫生间到处湿答答，潮湿易发霉、发臭，做好干湿分离，保持淋浴间之外场地干燥、卫生，而且更舒适

续表

标题	4 平方米的卫生间如何合理设计
拍摄场景	××展厅×楼××空间
拍摄要求	摄像师把控，节奏快而有层次，如在进入卫生间时镜头快速拉动，慢慢地停留在洗手台上……
后期制作需求	字幕：在对应的视频位置，突出以下小标题：一、收纳型洗手台；二、透气百叶窗帘；三、干湿分离特效
备注	—

利用这些表格，不仅能保证必需的信息不被遗漏，还能提高日常沟通、对接的效率，从而提升内容的生产质量与效率。

3. 学习交流，培养多面手

我们要提升团队协作能力，团队不同岗位、不同特长的成员之间可以互相学习、交流，了解、获取更多的知识和技能。

对个人而言，这是学习、成长的机会，有助于更全面发展，也有助于在专业上更进一步。例如，一个会拍摄的编剧，写出来的剧本肯定有更强的视觉感，这是非常难能可贵的；对于团队而言，这不仅能增加团队成员的交流，减少因专业不同而产生的沟通障碍，还能培养出多面手，在关键时刻可以发挥作用。

第 6 章 抖音号运营全流程秘籍

短视频行业的发展日益月新，而抖音从上线至今，也不过短短两三年。各行各业的抖音号运营者，绝大多数都是新手，都要从零开始摸索适合自己行业、产品、团队的运营方法。

内容运营是抖音号运营的重中之重。

在互联网世界里，没有流量意味着没有转化，所以流量就是金钱，就是挣钱的资本。而在抖音平台上，好内容可以自带流量，甚至短短十几秒的视频就可以制造出上千万个流量，以极低的成本达到成千上万倍价值的营销效果。因此，抖音的内容运营，是抖音号运营中最关键的部分。

抖音的内容运营，不仅仅需要团队有足够强的、持续的内容创作能力，还需要运营团队对平台的规则摸熟、摸透。只有学会巧借平台之力，才能事半功倍。

一般而言，一条抖音短视频的发布，需要经过如图 6-1 所示的 6 个步骤。

图 6-1

6.1　选题

6.1.1　选题环节的重要性

选题是指对视频内容的大致规划。在日常的内容运营工作中，选题常常是最关键、最难的一个环节。

一方面，选题在很大程度上决定了视频内容的效果；另一方面，选题这个环节考验运营者的创意表达能力，以及对热点、用户喜好等方面的敏锐度。长期而言，选题还需要运营者有良好的知识、创意积累，是一项需要投入精力较大的工作内容。

好的选题可以达到四两拨千斤的效果。好的选题甚至被不同的人多次演绎，仍然能一次次获得流量。一个经典案例就是，“美少女小惠”在账号运营初期使用了“美男子顾北”的剧本进行翻拍，同样有不俗的表现，初期平均一条视频就增长数十万个粉丝，可见优秀选题的重要性。

6.1.2　选题的注意事项

对于抖音短视频，如何选题更易获得流量？有哪些需要注意的地方呢？

请注意以下 3 点，避免踩坑。

1. 必须是正能量的选题

抖音平台一直在弘扬正能量这件事上“身体力行”。

在抖音中，有这样一批“不一样”的“网红”，“杂交水稻之父”袁隆平，欢乐解读古诗词的戴建业教授，复旦大学老师陈果……他们不靠颜值而靠才华打动了用户。

还有这样一批"网红"，他们是最普通的人，同样需要面对柴米油盐、琐碎小事，却对生活永远充满希望。在火锅店因跳舞而火的"张辉映"，在深圳租房带着两个孩子还变着不同花样做出一桌桌好菜的"小兰"，她们都因为充满正能量而被用户所喜爱。

所以，当你做选题时，必须选择正能量的选题，再不断地去打磨细节，千万不能为了一时的热门铤而走险。

2. 有风险的选题要慎重

虽然抖音的内容创作门槛并不高，抖音的风格也更轻松、更娱乐化，但是这并不意味着做选题可以肆无忌惮，我们需要对内容保持认真的态度。

前文已经提到，抖音已经禁止了某些行业进入平台，涉及这些行业的选题绝对不可做。除了这些，还有哪些是具有风险的选题呢？

1）涉嫌抄袭、搬运的选题

当你需要使用他人的创意、素材时，若他人未公开授权，则应当获得对方的授权，标注创意或素材的来源。一方面为自己规避违法风险，另一方面也能保持账号良好的形象，从法律和道德层面都降低了风险。

2）敏感的选题

对于医疗健康行业的选题请慎重。因为这个行业是非常严肃、严谨的行业。在抖音中，如果你没有专业的知识、没有相关资质，请千万不要碰这些内容！即使在一些日常选题、直播中，也千万不要随意谈及这些内容，也许你只是在聊家常，讲讲养生的独门秘方，实际上却不经意间传播了"伪医学"，这种做法可能被抖音平台警告、限流。毕竟医疗健康行业涉及重大，传播"伪医学"可能就是在夺人命。

政治军事形势选题不要碰。不要为了彰显特立独行的个性而去碰触这些领域，也不要因为好奇、新鲜而上传国家的军事装备等，严重的可能导致违法犯罪、泄漏国家机密。

3. 不可落地的选题

对于抖音视频的选题，你不仅要考虑内容本身是否具有吸引力，还要考虑选题在现有条件下是否可落地。因此，你在做选题时便需要考虑好后续的拍摄、配音、剪辑等是否能实现，预估实现的效果如何。如果选题无法落地，例如团队没有适合演绎的演员或根本没有办法制作相应的特效，就应当果断放弃。

6.1.3 建立选题“金库”

一般而言，一个成熟的内容团队都有自己的选题库。毕竟内容的创作，是一件长期而持续的工作，依赖于长年的日积月累。

如今，对于个人或企业而言，优质内容更是一种资产，好的内容、好的营销很挣钱。可以说建立一个好的选题库，就是在建设一个内容“金库”。

即使你的抖音号才刚刚开始运营，也不要忽视抖音选题库的建设与维护。它不仅可以帮助团队提高抖音号运营的效率，还可以减少因为人员流失而产生的内容损失。

那么，如何建立一个抖音选题“金库”呢？

1. 选题库框架：根据定位圈好选题范围

前文已经分解了抖音号定位的步骤。当账号有了清晰的定位，你就可以根据定位圈好选题的范围了。你可以将定位涵盖、延伸的内容分类列出，做成选题库的框架。

例如，账号的定位是儿童教育，儿童教育又可以进一步按年龄细分，或者按德育、智育、体育等分类，或者按学科分类，等等。你可以根据账号的需要，选择合适的维度做选题库框架。切忌在做选题时毫无方向，风格不一，否则账号权限将大受影响。

2. 丰富选题库

在搭建好选题库的框架后，接下来就要进行选题的积累，使整个选题库丰富起来。

拥有一个丰富且优质的选题库，可以帮助抖音号运营人员更高效地生产内容，减少因团队人员灵感枯竭而导致的内容匮乏问题。

那么选题从何而来？

1）团队头脑风暴

团队中每个人的大脑都是选题的生产机器。团队可以定期进行头脑风暴，将头脑风暴中产生的创意选题收入选题库中。

2）专业知识

比如，行业为家装，定位主要是为消费者提供专业家装知识的账号，那么相关的家装知识网站、书本都可以成为你选题的参考。

3）行业优秀案例

你应当时刻关注优秀同行的抖音号，分析其“爆款”视频的选题特点，作为做选题时的参考。

4）成功选题再利用

对于内部团队已经被证实的成功选题，除了必需的复盘，还可以趁热打铁追加同类的选题，甚至对该选题再次进行优化，重新拍摄并发布到团队所属的其他抖音号。这样可以将优秀的选题最大化利用。

5）粉丝反馈

了解粉丝群体的真实诉求是非常重要的。有些热心粉丝会通过抖音的评论、私信反馈自己的需求，希望账号能发布相应的内容。这些粉丝反馈的需求就可以成为选题的参考。

你在视频中可以鼓励粉丝积极说出自己的需求，当粉丝主动与账号进行互动时，你也应当积极反馈，不断形成良性互动，培养与粉丝更亲密的关系。

除了运营的抖音号，你不妨去同行的账号里看看对方粉丝的反馈，粉丝关注的焦点往往有共性，同样可以作为选题的参考。

此外，你还可以到新浪微博、知乎、豆瓣、网易等社交论坛中同类内容的板块了解用户感兴趣的内容，作为你日常选题的参考。

6）热点资讯

如果能巧妙、快速地跟上热点，你就有机会抢先占领流量。热点的来源除了抖音的每日热门视频，还有新闻资讯或各个社交平台（如新浪微博、公众号、知乎等）。你要养成时刻关注热点资讯的习惯，培养自己对时事的敏锐嗅觉。

7）榜单

例如，第三方平台——卡思数据会定期统计并公布当下的抖音红人榜。你不妨多看看各个领域的佼佼者是如何做选题、如何运营的，近期突然爆发的账号有何特点，这些都有一定的参考价值。对于榜单上优秀的同行，你更应该深入研究、学习。

8）公关日历

作为抖音的运营人员，你可以根据账号的特点准备一份公关日历，提前规划重要时间点的视频内容，例如提前准备好庆祝粉丝数突破百万、千万个的视频，春节、中秋节等重要节日的营销视频，等等。

以上这些可以作为日常选题的参考来源，帮助团队打开做选题的思路。

团队内部可以根据账号的特点制作选题表（表 6-1 为一个以解决家装痛点为内容定位的抖音号的选题表），以日或周、月的时间节点开展选题会，共同讨论并确定效果可能最好的选题。

表 6-1

日期	姓名	痛点描述	视频展现形式	标题	素材（链接或图片）

6.2 策划

选题环节完成了视频的大致规划，策划环节则需要对视频的实现提供路径，描述视频落地的各个细节。当你完成视频的策划时，你的脑海中就仿佛已有一条完整的视频在播放。

6.2.1 策划涵盖的模块

在策划视频时，你要细化哪些模块呢？

1. 道具的准备

你应当提前准备拍摄视频需要的道具，以保证拍摄的正常进行及视频效果。

2. 拍摄工具

你要根据视频的需要提前安排拍摄的工具，例如一些拍摄镜头需要特殊的设备或 App，你都应该在拍摄前准备。

3. 拍摄的场地

你要提前明确拍摄场地，避免拍摄时受干扰。

4. 灯光

考虑到拍摄灯光的要求，你在拍摄前要调试好使用的色调效果。

5. 服装及妆容

对于演员的服装及妆容的要求，你也要提前细化、确定效果。

6. 演员

你要选择合适的演员，并提前安排演员的拍摄工作。

7. 时间

你要掌控后续拍摄、剪辑等环节的节奏，保证视频能及时发布。

8. 剧本

相关人员要熟悉剧本内容，特别是人物的台词、表情、动作等表演要求要提前沟通好。

9. 配音

配音的内容及效果要求要明确，如果现场采音效果不好，那么可以选择后期配音处理。

10. 拍摄手法

你要在脚本中明确视频片段采用哪种拍摄手法，例如推镜头（通过摄像机前移或变焦实现逐渐靠近目标对象的视觉效果，从整体到局部）、旋转镜头（多角度展示目标对象）等。

11. 后期要求

你要明确剪辑效果的要求，包括字幕等。

12. 上线素材

上线素材包括上线的封面、标题等。

13. 互动文案

你要准备视频在发布后与其他抖音号、用户互动的文案。

6.2.2 根据需要设置策划模板

团队运营人员可以根据团队及账号的特点，因地制宜地选择需要策划的模块组合成策划方案的模板。

例如，有些账号的拍摄场景、演员、服装、拍摄手法等已经固化，不需要每条视频单独重新策划。有些抖音号运营团队已经提前确定好不同模块的负责人，像拍摄模块由摄像师负责把控，表演模块由演员自由发挥。团队的配合如果已经形成默契和标准化，策划的方案就可以相应简化，以提高效率。

6.3 拍摄

拍摄的环节是视频素材获取的环节。好的镜头不仅能清晰地表达视频内容，还能给用户好的体验感。

拍摄环节最基本的要求是画面清晰。

6.3.1　基础：保持画面清晰

如何保持视频的清晰度？

1．选择分辨率为1080px以上

关于拍摄设备，在初级阶段，你使用手机拍摄普通视频足矣，非常便捷，在拍摄、输出视频时分辨率最低要调到 1080px。如果对视频镜头有更高的要求，你就可以按照需要选取合适的设备，例如单反相机、微单、DV、全景相机等。

2．灯光

在拍摄时，你要尽量选择光照较好的时间段，以免画面过暗或曝光过度、产生噪点（噪点指画面上有的地方形成杂色的斑点）。如果有需要，你可以使用合适的灯光设备，如闪光频闪灯、柔光箱等。

3．防抖

抖动的画面给用户的视觉体验非常不好。你可以借助防抖工具，使画面更稳定。防抖工具有以下几种：一是最常见的手机支架，使用简易，适合自拍用。二是三脚架，但镜头一般横向或纵向移动。三是手持稳定器，即使边运动边拍摄，画面也不抖动。

6.3.2　良好体验：协调感、拍摄手法

要想给用户较好的视觉体验，你首先应当注意画面、配乐、内容的协调。

1．画面与配乐的协调感

配乐的选择很重要，配乐表达的情感要与画面一致，否则将会使

用户有冲突感。适当的节奏、卡点可以使画面与配乐更协调。

2. 视听同步

画面和配音都是内容表达的形式，前者是用户通过视觉感知的，后者是通过听觉感知的。二者应该在同一时间指向同一事物，使用户听到的就是见到之物。

至于要使视频具有视觉冲击感，拍摄手法就显得非常重要了。

常见的运镜基本动作有推、拉、摇、移、跟、甩、升、降。

6.4 配音

抖音作为一款音乐视频社交软件，视频配音的重要性不言而喻。

6.4.1 提升配音效果的方法

要想让配音为视频增光添彩，你可以使用以下方法。

1. 使用平台热门音乐

抖音自身有一个供用户使用的强大音乐库，它不仅使配音不再是制作短视频的负担，还是用户拍视频的灵感源泉。这个音乐库中的音乐都是截取精彩曲段的高质量音乐，你可以放心使用。选择热门音乐也是蹭抖音热点的一种方式。

2. 处理好独一无二的原创配音

对于自己原创录制的配音，你一定要尽量处理好，要保持声音清晰，不要出现噪声、声音过高或过低等问题，要与画面、嘴形保持同步，使用户听得流畅，看着舒服。

3. 卡准点

卡点视频受欢迎，正是得益于配音与画面的节奏高度契合，让视觉和听觉更加愉悦。节奏不对的音乐和视频内容脱节，会让观众体验不佳，应该尽量避免。

4. 契合调性

配音与人物个性、画面、表达内容都要契合调性。

5. 让声音具有辨识度

具有辨识度的声音可以使用户对账号的印象更深刻。

6.4.2 在抖音中配音成功的案例

在抖音中不乏因为极具辨识度的配音而火爆的视频，它们将声音成功地打造成符号，以下案例可以供大家参考：

1. 搞笑“萝莉”音

“一条小团团 OvO”（如图 6-2 所示）是一个不露脸而靠声音走红的抖音“大 V”，拥有 2619 万个粉丝（数据截至 2019 年 8 月）。她因为创作了一系列既搞笑又有魔性的抖音“神曲”而走红。

图 6-2

她特有的“萝莉”音、搞笑的视频内容，再加上视频主题为游戏，赢得了游戏兴趣人群的喜爱。

2. 亲切感十足的方言

方言具有浓重的亲切感，可以迅速拉近与说相同方言的用户的心理距离。用方言配音适合一些目标人群为某一地域的抖音号，能更好地展示当地的风土人情。

如果你选择了使用方言配音，那么要记得加上字幕，不然就等于把听不懂的人完全拒之门外了。

因使用方言而令人印象深刻的账号有“多余和毛毛姐”（如图 6-3 所示），他的贵州口音既让人觉得新奇、好玩，又不至于令人听不懂，把握得恰到好处。

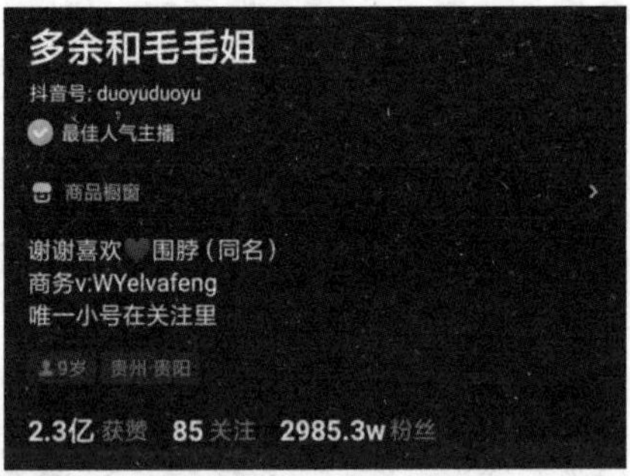

图 6-3

3. 萌宠娃娃音

可爱的宠物人人爱，再搭配上可爱的娃娃音，更是萌感十足。“♥会说话的刘二豆♥”（如图 6-4 所示）记录了两只可爱的猫咪——二豆和瓜子的日常生活，凭借它们萌萌的外表和可爱的娃娃音，该账号已经拥有 4000 多万个粉丝。

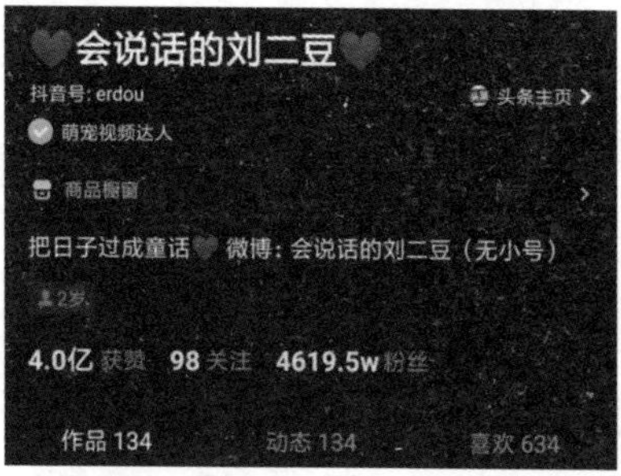

图 6-4

4. 播音腔反差萌

反差萌的使用十分微妙，视频的内容或者主体形象与配音的风格迥异，这种反差令人印象深刻。

比如，“羚彦加油站”（如图 6-5 所示）使用了具有磁性的播音腔搭配动物的搞笑画面，传达的却是正能量的励志语言。这样的反差成功地塑造了账号的鲜明、立体、丰富的正能量形象，令人在笑的同时也能感受到正能量。

图 6-5

6.5 剪辑

6.5.1 剪辑的工作流程

在拿到所有素材之后，后期制作的工作就开始了，一般的工作流程如图 6-6 所示。

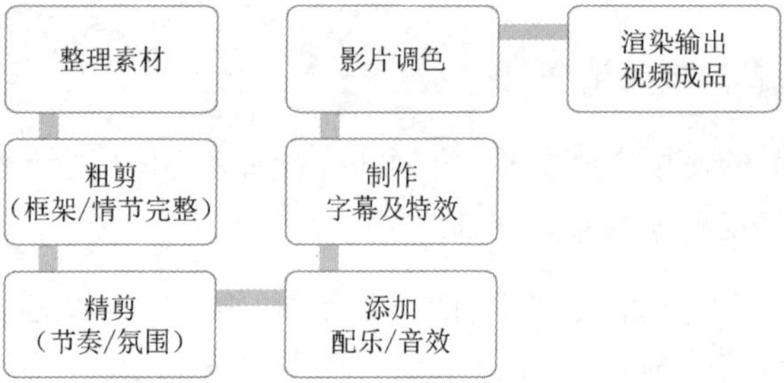

图 6-6

6.5.2 这样剪辑可以提升用户体验

添加封面：在视频的开头使用风格统一的主题封面，能提升用户的体验，一方面可以将主题展示给用户，使之能更好地理解视频的内容，另一方面在账号的主页能形成一个“目录”，方便用户选择视频观看。

字幕：字幕可以增强视频的可读性，让粉丝易于理解。在使用字幕时你要注意字体的颜色、大小以及位置不要被界面的按钮和文案部分遮挡。

突出重点：对于视频的重点内容，从视频的画面角度来说，你可以使用线框圈出、放大等方式突出，从视频的配音角度来说，你可以使用音效进行加强。

剪辑手法：你可以使用特殊的剪辑手法增强画面感，例如变格剪辑手法，在组接画面素材时故意剪掉某些动作过程，使得视频中的动作变化强度加大。这是一种渲染情绪和气氛常用的剪辑手法。

特效加分：你可以在视频素材中加入转场特技、蒙太奇效果、三维特效、多画面、画中画效果等，让画面更有质感，但是同一条视频不要加入太多特效以免让人眼花缭乱。

6.6 发布

6.6.1 发布前的编辑

发布前，你需要对视频进行最后的编辑，最重要的就是撰写标题、选封面。

1. 撰写标题

好的标题很重要，你可以从以下两个维度考虑。

(1) 是否对用户能看完整条视频有影响，好的标题更能吸引用户观看完整条视频。

(2) 标题文案也在抖音平台的监控之中，涉及敏感词会影响抖音视频的发布效果。

在进行抖音标题撰写时，应当注意以下 3 点：

(1) 标题要与视频相符，否则会使用户感到十分疑惑。

(2) 标题要真实，不要随便杜撰。

(3) 从用户角度出发，突出视频的特点来吸引用户。

2. 选封面

在选封面时，你应该选择有代表性的画面，使用户更容易理解视频的内容。

6.6.2 发布后如何促进流量增长

发布后，一定要对视频进行检查，除了使用个人主页看视频能否正常播放、标题是否正常显示，还要用其他人的账号检查视频是否正常发布了。

在视频正常发布后，以下内容还可以帮助视频得到更高的流量。

（1）积极回复评论：在视频刚发布后，当用户在评论区留言时，你一定要快速地反馈，使得视频的活跃度提高。

（2）去其他账号的视频中留言：当你在其他热门视频底部留言时，若关注你的粉丝打开该视频的评论区，则将看到你被置顶的留言，该留言还会被抖音打上关注字样的红底标签，这也是引流的一种方法。

（3）如果有需要，那么你可以进行视频的推广，用 DOU+付费助推。你要记得在视频发布 1 小时内操作，以便助力视频快速地进入更大的流量池。

第 7 章 “爆款”内容的成功之道

7.1 抖音选题三要素：原创、热门、参与感

在刚开始做抖音号运营时，你可能会有这种疑问——“别人随便拍拍就火了，为什么我怎么拍都不火？”抖音中的“爆款”视频，看似随意一拍就火了，其实根本没有那么简单。“爆款”视频的背后，除了些许的运气因素，更多的是创作者在选题、制作、运营等方面的努力与付出。

如果你想做出“爆款”内容，首先要在选题上下足功夫。

可以毫不夸张地说，选对题，就成功了一半。

7.1.1 优秀的原创内容是最大的竞争力

蹭热点可以火一把，但模仿、抄袭式的蹭热点，即使运气好，最多也只能单条视频火爆而已，根本不会得到长期的、大量的粉丝增长。

我们不妨看一看抖音中粉丝数排名前十的有几千万个粉丝的大号，它们中哪个不是一直发布优质的原创内容呢？

例如，“♥会说话的刘二豆♥”“多余和毛毛姐”等账号发布的每条视频的内容都非常新颖，别具一格，这些创意很难被模仿，且确实没

有被超越。

为什么优秀的原创内容是最大的竞争力?

1. 不做原创做不大

抖音中的视频数不胜数，平台上的用户每天能产生成千上万条新视频。在这些视频中有些是争相模仿和克隆的内容，内容同质化非常严重，更有甚者不惜生产低俗内容以博眼球。

同质化太严重的内容会让用户找不到独特点，重复的内容甚至还会引起用户的反感。因此，如果真的想在抖音中做大做强，就必须坚持原创。原创力才是硬核能力。

2. 平台的价值导向

原创也是抖音平台价值导向的结果。

抖音鼓励原创，对于搬运的内容有所打击。账号如果过多搬运内容就会被系统自动降权。如图 7-1 所示，过多搬运内容将会被警告，如果持续搬运内容将被减少视频推荐。

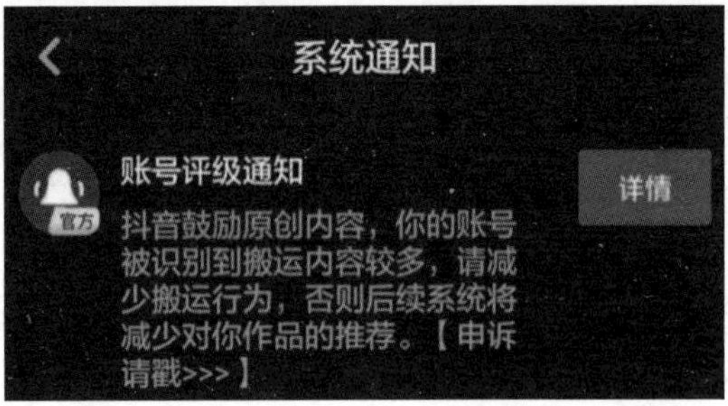

图7-1

同时，随着抖音的发展和平台内容数量的快速增加，平台对内容把控的难度必定越来越大，而来自外部的监控也必定越来越严格，无论是内驱还是外驱，都会迫使抖音平台进行规范化管理。给原创内容分配更多的流量，就是对非原创内容的打击。

3. 原创内容侵权风险极低

非原创的内容侵权的风险是很大的，犹如埋下了一颗随时可能被引爆的炸弹，侵权账号不知何时就会收到版权作者、肖像权人发来的律师函。

当纠纷发生时，我们解决问题十分被动，不仅会遭受金钱的损失，还可能会产生名誉损失，辛苦培养的账号也可能被封杀。

因此，只有把心思用在原创内容上，做有价值的内容，才是长远之计。

4. 原创内容的变现渠道与变现能力更强

作者对原创内容的把控度更大，所受限制更小，变现的渠道更多元化，变现能力更强。

例如，“摩登兄弟”的变现早已不局限于抖音平台，“猪小屁”用其 IP 打造了一批儿童智能玩具，这些都是非原创型的账号所不能及的。

综上所述，持续发布优质的原创内容固然不易，但坚持原创的回报是更大的。

内容创业者在前期的投入阶段是非常艰难的，探索的过程是曲折的，内容的持续产出也有巨大压力，很可能还要在经济上“捉襟见肘”。所以，要及时寻找变现途径，在不过分营销伤害粉丝和账号的基础上，尽早变现，切记不要“不好意思”。只有有收入，才能让账号运营得更“健康”。

7.1.2 热门是选题之道

无论是哪种内容，选题都至关重要。抖音作为亿级用户的 App，热门是其选题之道。我们在选题时应该注意以下两点。

1. 忌冷、偏选题

我们平常做选题要选择热门选题，避免冷门、生僻、晦涩难懂的内容。

这很好理解，只有选择大众化需求的内容点，视频的受众才更广泛。你在抖音中很少看核爆炸、微积分的视频吧？

那么如何避免冷门选题呢？不妨用“换位思考”这个简单的方法试试看——自己在平常生活中需要这些内容吗？多长时间会接触一次？自己身边的朋友、父母会需要吗？

选择热门内容有两个层次。一是选择热门的主体对象，例如在餐饮行业中，奶茶、火锅就很火，家常菜也是大众需求的。二是选择热门的角度，比如，同样讲瓷砖，你选择如何挑选瓷砖就是装修的热门话题，但你讲瓷砖的结构就很冷门了。

在抖音中，选择哪些话题更容易火呢？如图 7-2 所示。

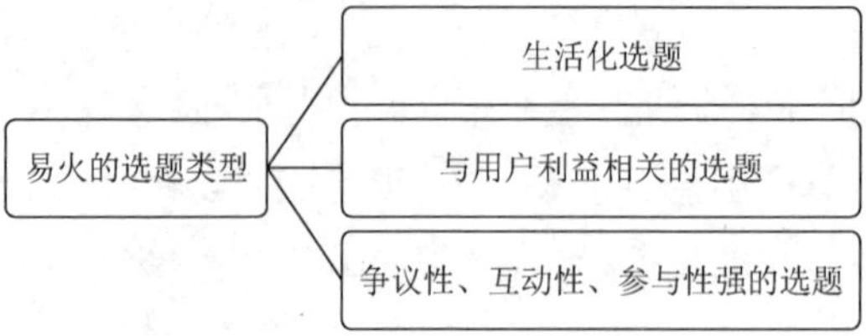

图 7-2

2. 适当蹭热点

蹭热点，也叫借势营销，即借助热点事件高速传播的势能，在短时间内瓜分一波流量。与常规选题相比，蹭热点是投入很少而产出非常高的一种做法。在抖音中蹭热点的做法也非常适用，并且还是平台十分倡导的。

成功蹭热点的案例比比皆是，如果能在热点爆发的第一时间发布视频，往往能借势而上。我们甚至可以看到有的模仿者创作的视频，其点赞数比原作者更高。

蹭热点也是一件非常值得研究的事情，我们不妨看一看注意要点和实操的方法。

1）如何在抖音中寻找热门选题

（1）#热门话题。

到达路径如图 7-3 所示。

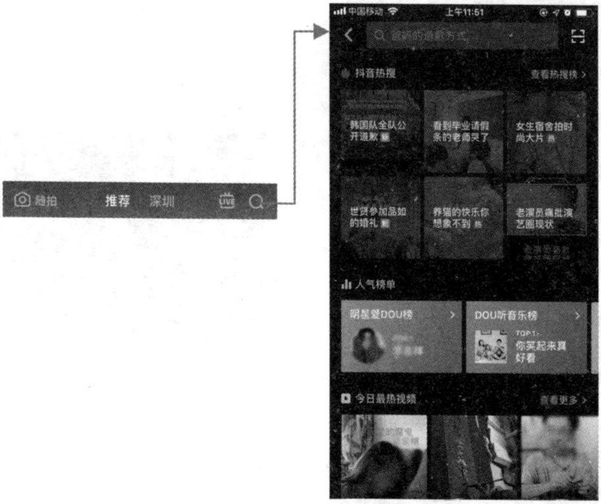

图 7-3

点击抖音 App 首页的搜索按钮（放大镜），可以看到“抖音热搜”“人气榜单”“今日最热视频”等各个分类的热门话题列表。

注意：蹭热点必须选择最新的话题，一般而言，超过 3 天的话题很可能已经不具有时效性了，再蹭可能也只是白费功夫。

(2) #合拍。

到达路径如图 7-4 所示。

合拍是抖音中最常见的趣味互动方式，“#合拍”的话题已经达到了数百亿次播放，无论是明星、达人还是品牌方，都可以用这种方式增加与粉丝的深度互动，引导粉丝共同创作，碰撞出最新的创意。

蹭热门的合拍也是一种不错的选择，因为每个合拍都有专属的主页，上面会有引流的入口，可以为你增加视频的播放量。如果你的作品具有创意，或许可以借机火一把。

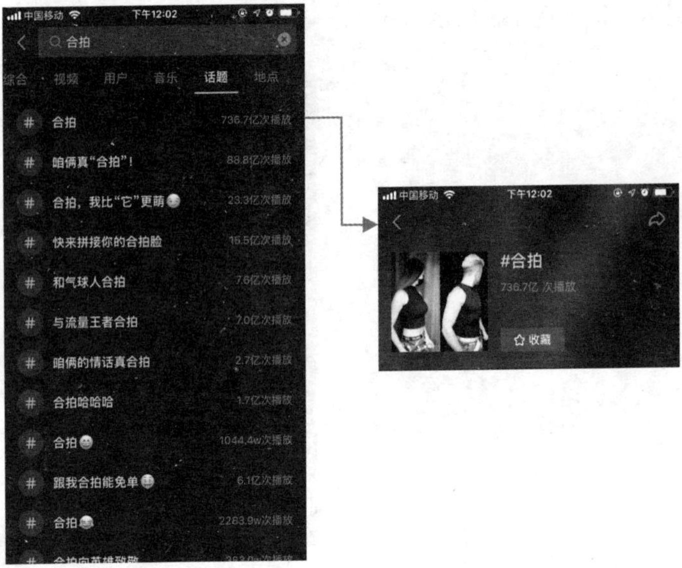

图 7-4

2）热点的类型

热点可以分为常规热点和突发热点。

（1）常规热点，是指可预见的热点。

①节日热点。例如，春节、中秋节、妇女节等节日。企业常常做节日营销。

②事件热点。例如，高考、世界杯足球赛等。这些通常是提前确定好时间的。

③热播影视剧。例如，2019 年春节的国产佳作《流浪地球》等。这些通常都提前确定好了上映档期。

④社会需求热点。例如，要不要生二胎等。这些都是当前社会热门的常规话题。

对于这种热点，我们一般都有充足的时间可以提前进行策划，只要不剑走偏锋，蹭热点的风险不大。

（2）突发热点，是指无法预见的热点。

①一些突发的天灾，如地震、火山爆发。这些是无法预测的。

②一些社会事件，如明星突然宣布离婚等。这些也是无法预见的。

社会事件热点源于真实存在、持续的社会现实，你需要有对社会大众心理的洞察。在通常情况下，这种类型的社会热点表面上是突然被引爆的，但实际上其本质问题长期存在。例如，环保问题和婚育问题。随着人们的环保意识普遍增强，环境问题常常成为人们关注的热点。因为婚育问题关乎人们的生活，所以也成为永恒的话题。

无论是常规热点，还是突发热点，我们都可以梳理出一个符合自己品牌需求的范围，包括某些具体的节日、某些常规性的社会事件，并且整理与自身相关的一些突发性事件，进行深度分析解读，准备好相关的资料、观点，录入素材库，如果有类似事件发生，就可以快速地使用素材。

3）是热点还是坑，哪些热点蹭不得

既然蹭热点很可能是一本万利的好事，那么是不是所有的热点都要蹭呢？当然不是所有热点都可以蹭的。我们要小心一些看似很热的“坑”！很可能掉进去就出不来了。

首先，绝对不能蹭的热点，就是涉及政治、时事类、黄赌毒的敏感热点。

其次，负能量、价值观不正确的热点，就算很可能火都不能蹭，这要求我们要有最基础的判断力与自制力。这就是蹭热点的风险，千万不能“明知山有虎，偏向虎山行”。

最后，对于虚假不实的热点，你也不能蹭。对于内容创作者来说，基本的素养就是尊重事实，而不能为了吸引眼球刻意杜撰虚假的言论。

4）如何判断要不要追热点

对于要不要追热点，我们可以从以下 3 个因素考虑。

（1）热度：你要考虑这个热点是什么时候的，是否有可能持续地发酵。有的热点（比如，明星结婚，在一般情况下婚礼在顺利结束后很快就不会再被大量传播了）超过 3 天再追就已经没有意义了，而一些热点（比如，垃圾分类）的热度可以持续几个月。

（2）相关度：你要考虑热点与自己的品牌是否相关、与自己的粉丝群体是否相关、是否符合自身的形象与调性，如果完全不相关，那么没有蹭的必要。

（3）风险度：你要考虑追这个热点会不会引火烧身，包括会不会有违法、违规的风险，会不会有经济损失，会不会使粉丝反感等。

你在考虑完这 3 个因素后，就可以思考如何追热点：

一是争议性：话题能不能引发大众的热烈讨论，能不能触达大众的内心，使之自发表达。

二是传播度：话题是否让人有分享的欲望，比如是不是有趣的事情、是不是与利益相关的事情。

在做热点选题时，我们可以用表 7-1 进行评估。

如果经过综合考虑后觉得热点适合，你就要快速地追热点，一定不能不顾实际情况盲目追热点。

表 7-1

热点话题		
时间节点		
评估维度	热度	
	相关度	
	风险度	
	争议性	
	传播度	
契合点		
思路		
评估总结		

7.1.3 参与感

在抖音中，很多视频只能让用户看看就被划走，如果能让用户有参与感，用户就必定对你的账号印象深刻。

要想打造有参与感的视频，你可以从图 7-5 所示的 3 点入手。

1. 易模仿

沸腾虾、隐藏菜单、私房钱……这些火爆一时的视频，彼时几乎都是众多用户参与的盛况。

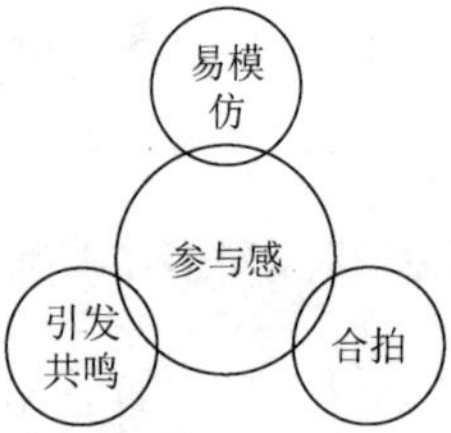

图 7-5

这种类型的现象级抖音短视频都有一个共同点——易模仿。其门槛低到几乎任何一个抖音用户都能轻易地模仿，操作成本非常低，所以能达到迅速传播的效果。

这类视频的特点如图 7-6 所示。

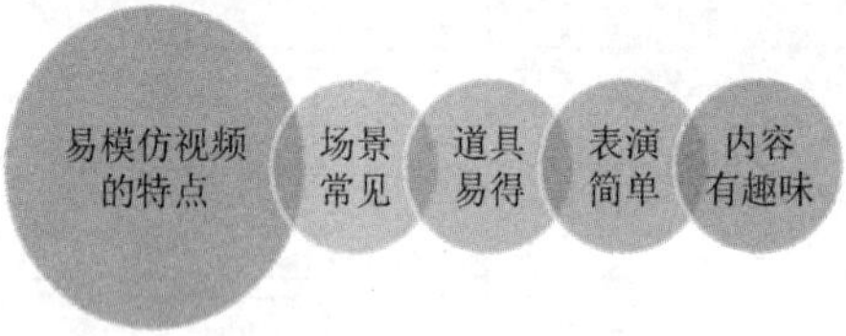

图 7-6

(1) 场景常见：拍摄场景多为家里或常见的公共场所，如餐饮店、广场等。

(2) 道具易得：几乎不用道具或者使用普通人可以轻易得到的道具。

（3）表演简单：演员可以不出镜，或只需要 1 人出镜，只有简单的动作表情，不需要演技。

（4）内容有趣味：简单、有趣味并且新颖，让人一看就懂如何模仿，并且模仿的过程也充满快乐。

要想成为被大众模仿的对象，让广大抖音用户自主地为你传播，免费赚一波流量，那么在策划内容时，你要注意以上几点。

2. 合拍

合拍是一种与粉丝共同创作的方式，是半开放式的视频片段，就像半命题式作文一样，既能保留共同点，又不至于限制创作者的想象力与发挥空间。与模仿相比，合拍的方式更能激发粉丝的创造力，碰撞出不一样的火花，不至于千篇一律。

“专属小可爱”是一个苏州女孩，凭着手持西瓜扇，模仿《花桥流水》片段，“看那春水流，流过小桥头，风吹歌声飘，飘过吊脚楼”而突然火爆。其原因就是被抖音用户们疯狂合拍与自发传播。

罗志祥被称为抖音中最活跃的明星之一，不止一次使用了合拍的方式与粉丝进行互动，粉丝们亦不负所望，各式各样的合拍视频趣味十足。

例如，罗志祥伸出右手，羞涩微笑的视频就曾被网警合拍成谨防偷窃的教育片，视频的内容如下：一个小偷将手伸入他人口袋，然后拿出了一副手铐，被口袋主人（警察）铐上手铐带走，剧情的反转设计既在情理之中又在意料之外，让人忍俊不禁，同时还蹭了一波明星流量。罗志祥的这条视频，还被一位用户合拍成伸手抚摸孕妇的肚子，因感受到新生命而惊喜，此版本被抖音网友们称为最温馨的合拍版本。

3. 引发共鸣

如果视频能戳中用户的痛点和痒点，往往就能引发共鸣，使用户自发地评论、转发。

尤其是一些强调情侣、亲子、闺蜜等亲密关系的相关主题，常常被粉丝们自发地向好友分享。如图 7-7 所示，关于另一半长相话题的视频，就使粉丝们自发地向另一半分享。

图 7-7

总之，所有参与感极强的视频，无不是极容易被模仿又能引发共鸣的。巧妙地借用网友的力量，让他们也参与其中，就能扩大短视频的辐射范围。

7.2 10个细节打造极致体验

在抖音中，一个账号有一两条火爆的视频很可能是偶然事件，但长期有多条视频获得高浏览量和高点赞数，必定是精心制作、用心运营的结果。

仅仅数十秒的短视频，虽短而必求精，要求我们在内容创作的各个细节上，都要精准把控，处处为用户着想，打造极致的用户体验，让用户一看就懂、一听就明白，不需要过多思考。

这就要求我们要有超强的表达能力，能将内容以最简洁、最直观的方式表达出来，甚至为用户拆解成一个个记忆点，传达给用户。

在对大量优质“爆款”视频进行调研，并实操验证后，我们总结出以下操作方式或要点，你可以结合账号需要使用。

7.2.1 用通俗易懂的语言

我们要避免使用生僻字、专业词汇、难以理解或可能造成混淆的用语，以免用户产生疑惑，因为这会导致用户的体验不顺畅，如果实在必须用这些用语，那么可以用通俗易懂的语言进行补充解释。

尤其对于某些专业性强或者较冷门的内容，如何将内容用小学生都可以听懂的语言表达，非常重要。

7.2.2 能用短句就不用长句

长句的结构复杂、句子中所含的词语较多，对用户而言阅读理解的成本较高，而短句则相反，对用户而言阅读理解的成本更低一些。使用短句可以避免用户产生疑惑。

7.2.3 直接明了地指出关键

抖音视频的长度非常短，所以我们要直接明了地指出关键，不要让用户去猜。

7.2.4 用直观的画面

画面要能直观地展示所要表达的内容，比如我们要展示一件衣服的品质，就要从衣服的细节中展现出来，要想展现衣服的穿着效果，就要用真人上身进行远、中、近多角度展示，如果想展示这件衣服适合微胖的年轻女孩，就要找微胖的年轻女孩进行衣服上身展示。我们要把最直观的画面展示给用户，不要让用户思考或想象。

7.2.5 用字幕、特效辅助

我们可以适当地用字幕、特效营造氛围，或者加强需要被理解或关注的部分。

使用字幕的好处有两点：一是可以减少因配音不清晰导致的问题，毕竟绝大多数抖音视频的配音员都不是专业的配音员，有的人可能会带有难以听清的地方口音，甚至有的视频用方言进行配音，非该方言的用户不能完全听懂；二是可以加强对重点内容的关注，通过字幕指引用户，减少用户寻找核心内容信息耗费的时间和精力。

7.2.6 列数字

人对数字的敏感度要高于普通信息，当你说到“一、二、三”这些序号时，用户会不由自主地提起精神，这样可以提高用户对内容的注意力。而且列出一二三，也要求创作者在策划内容时，梳理出内容的条理，让内容由浅入深地表达出来。在合适的情况下，列数字能帮助用户保持注意力与理清逻辑。

7.2.7 视听统一

如果画面与配音传达的信息不统一（比如，画面是夏日的海边沙滩，配音却是呼呼的北风吹，在视觉上与听觉上传达的信息是剥离的、完全无关的或者相反的），就会让用户感到非常混乱，不知道你说的是什么；如果配音不能与画面同步（你可以想象一下在观看影视剧时配音比画面的人物对话慢半秒，口形对不上），就会让人感到非常不协调。所以，画面与配音表达的内容应当是有共同指向的，且需要同步，画面与配音要丝丝入扣、紧密结合，使得画面与配音能达到更好的效果。

例如，配音正在讲述厨房中的水槽，画面也应当同时展示水槽。当配音讲述水槽细节（如水槽边缘）时，你应该将镜头拉近展示相应的细节，还可以让出镜人用手指指示该细节，或后期加上箭头进行标注，让粉丝在看与听时都能轻松地获得相应的信息。

7.2.8 时长要短

在抖音平台上，初始账号可以拍摄 15 秒视频，当你拥有超过 1000 个粉丝后，权限提升，就可以拍 1 分钟的视频了，后续可能延长至最高 5 分钟的时长。

但是视频的长度并非越长越好，如果视频太长，可能导致完播率降低，那么视频长度为多少最合适呢？

我们对 2019 年 5 月点赞数排行前 30 的抖音视频进行分析后发现，视频的平均时长为 21 秒。我们建议视频长度一般控制为 20～30 秒。

视频不是越长越好的，最重要的原因是较短的视频的完播率更高，完播率会影响视频在系统中被推荐的情况。

7.2.9 输出可操作化的结论

人的大脑都有懒惰的偏向，对于需要耗费脑力去思考或理解的复杂理论、逻辑、原因都可能排斥，而对于形象生动、及时反馈、简易明了的内容更感兴趣。当你向用户解说一些内容时，要使用更形象、更简单的方法，避免使用抽象的理论，且尽可能输出可操作化的结论和方法。

如图 7-8 所示，对于减肥时选择肉类食物的表述，后者比前者更具象、更精准、更形象、更易理解，可以直接操作。

在减肥时，要选择低脂肪、高蛋白的肉类食物。	在减肥时，要选择鱼肉、鸡肉、牛肉等肉类食物。

图 7-8

7.2.10 聚焦

在同一条视频中，不要出现多个不同的主题，即使是同一个主题，也不要出现过多分散的元素，否则将分散用户有限的注意力。使用太多分散的信息最终的结果是，用户看过视频后毫无印象，因为没有一个令人印象深刻的记忆点。

在同一条视频中，应当重点突出一个主题，使整条视频的内容都为这个主题服务，不断强化主题。

7.3 情感营销：调动用户的七情六欲

7.3.1 何为情感营销

情感营销就是寓情于营销之中，刺激、唤起用户的某些情感需求，或令其产生情感共鸣，满足用户在情感上的需求。

如图 7-9 所示，用户在消费决策中，不仅会考虑商品的质量、价格、数量，还会考虑品牌理念、购买体验、代言人，甚至感性消费的占比要更高。

如果能触动用户，引起用户情感上的互动，唤起用户的感性一面，就成功了一半。

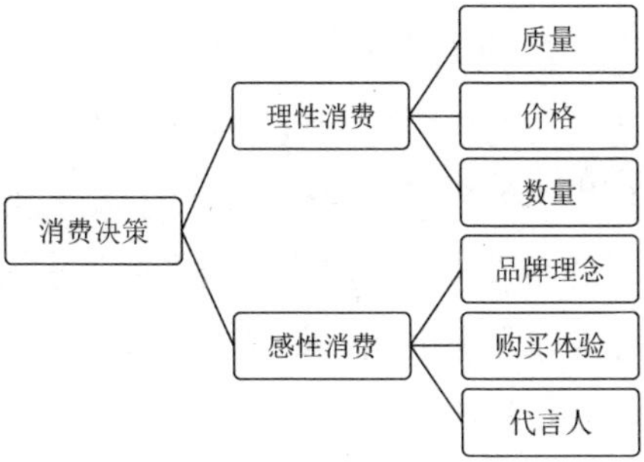

图 7-9

7.3.2 如何调动用户的七情六欲

在抖音号运营中，我们可以从这几个方面入手，唤起用户的情感。

1. 喜：唤起用户的快乐

这是抖音的主流基调，各种搞笑段子、趣味视频，就是为了让用户产生快乐而生。这也是最易创作、风险低、最易获得用户好感的一种方式。

2. 萌：巧设萌点收获喜爱

萌即“可爱”，是令人喜爱之意。萌系在抖音中占据了一席之地，例如萌宠、萌娃、萌动画等都具备不小的“杀伤力”，甚至仅在视频中使用“小奶音”，或设置时长短的萌物镜头，都能让用户感到惊喜。

例如，“燃烧的陀螺仪”在 Vlog 中就常常有卡通公仔入镜，为视频多增添一丝趣味。对于风格适合的账号，你不妨一试。

3. 美：激发用户的美好向往

美丽的景色、美丽的人、美丽的事物，都能点燃人对美好的向往。从账号的行业中，你可以思考它能为用户带来的美好价值是什么，从感官上的美好体验来促使用户产生向往之情。

例如，旅游类账号可以针对人们对“自由自在、轻松愉快的生活”的美好向往，打造相应的内容与人设，使用户在看到视频的时候，产生一种“这就是我想要的生活”的情感共鸣。美妆类账号可以针对女性对自身形象改善的心理，利用用户对变美的渴求、对精致外表的羡慕，来刺激用户对内容产生关注。家装类账号可以利用人们对高品质生活的向往、对家庭和睦的美好期盼、对社会地位彰显的心理，来引起用户的兴趣。

4. 忧：为用户排忧解难

虽然“忧”并不是特别正面的情绪，但用适当的方法，从为用户“排忧解难”这点出发，还是大有可为的。

例如，人对健康问题的担忧，会促使人去学习保健的知识技能，对于肥胖、衰老的担忧，会促使人们注意饮食与作息，这些担忧实际上对人的行为有正面的导向。在这种情况下，利用用户某一个方面的“忧”，去获得其注意，为其排忧解难，仍然是个不错的方向。

“名侦探小宇”，就是一个定位于“帮女性远离伤害”的账号，女性对人身安全的“忧”，促使其产生关注该账号的动机。

5. 敬：点燃用户的敬佩之情

自己做不到的事，别人却做到了，或者对于在某处有超出常人的作为之人，我们常常会对之产生敬佩之情。

例如，一个有音乐才艺的歌手，一个为陌生人减肥 30 斤以捐骨髓的人，一个为国勤恳奉献数十年自己却吃粗茶淡饭的科学家，一个身居高位却朴实无华的领导人。

6. 羡：挖掘用户的羡慕之情

人们常说，“理想很丰满，现实很骨感”，这反映了一个现状：人们总有各式各样的欲望，但现实中却常常求而不得。另外，还有一句话用于形容见到他人得到自己所想之事物的感情——“羡慕嫉妒恨”。

挖掘用户的“羡慕”情感和情绪，也是一个可入手之处。

例如，单身男女总羡慕他人有个贴心伴侣，独生子女羡慕他人有一起成长、一起打闹的兄弟姐妹，已婚女子羡慕他人有公平、明理的婆婆。

例如，拥有超过 1400 万个粉丝的“你的子笺子凛”，正是利用了女生们羡慕拥有帅气又贴心的哥哥的心理。

7. 亲：捕捉生活小细节、小情绪

你可以通过解读生活场景中的小事件，表现一些小情绪，来赢取用户的认同。

比如，揭露一些常见却不被公开道破的事物，像“职场黑话”，把人们真实想的却不敢说的话说出来。

比如，讲述一些非常贴近生活的小事件，像家庭趣事，像一些对亲近的人才会道出的肺腑之言。

比如，抒发一些真实常见的小情绪，像单身男女对父母催婚的无奈，像对高压工作的疲惫感。

这些都是微小、真实而最贴近生活的，也是最能与用户拉近距离的，可以使用户在极短时间内产生信任感与认同感。

8. 奇：利用用户的猎奇心

你可以利用人的猎奇心理做内容，常见的有开箱测评、冷知识类。

在抖音中，有风格较为奇特的人物，如“面筋哥（程书林）”，留着飘逸的长发，声音浑厚粗犷，成名曲为《烤面筋》，极具特色看点。

第 8 章 一看就懂的抖音玩法十八式

8.1 小剧场

难度：★★★☆☆

适用对象：创意与表演力俱佳的团队或个人，适合打造个性化达人，行业不限。

小剧场是短视频最原始、应用最广的玩法，经典的网络短剧《万万没想到》《陈翔六点半》便是此类型的。与传统的影视剧相比，它的拍摄门槛低、制作成本低、剧情简单、对演员的要求并不特别高，一般而言，风格也比较轻松，偏向娱乐型，剧集之间关联性弱，适合在碎片时间观看。

依托于移动短视频平台的小剧场有时长更短、节奏更快、故事更简单、对布景的要求更低等特点，小剧场的玩法丰富多样，细分种类很多。

8.1.1 精分小剧场

通过服饰、装扮的变化与表演，一个人在同一段视频中扮演不同角色（如图 8-1 所示），完成整个故事的演绎，这就是精分小剧场。2016 年，papi 酱便靠这种短视频玩法成为当年的“第一网红”。由于演员只有 1 个人，场景可以没有变化，因此制作成本非常低。这种玩法的重点在于个性化的人设、有创意的内容和表演，它适合打造网红 IP。

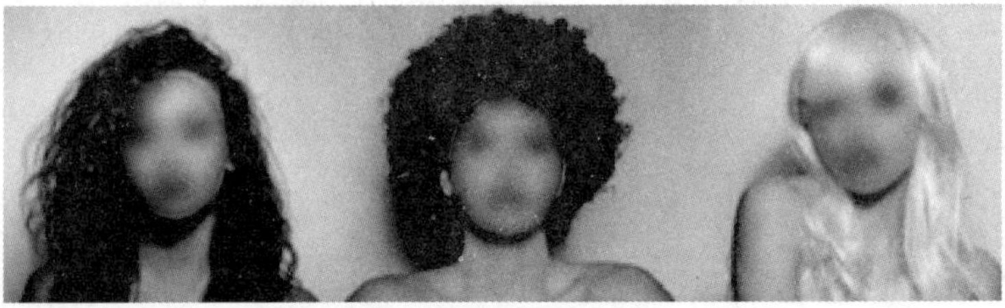

图 8-1

案例："多余和毛毛姐"，获赞 2.3 亿次，拥有 2985.3 万个粉丝（数据截至 2019 年 6 月）。

同一个演员在发布的视频中扮演了"多余、毛毛姐、三姐、多余母亲"等多个角色。虽然绝大多数视频是一个人完成了所有镜头，但是每条视频的故事情节都是完整的。仅通过使用假发来一人分饰多角的做法，也加强了搞笑的气氛。

这个账号的人设个性化强，辨识度高。从内容而言，女性视角的剧情容易拉近与女粉丝的心理距离；从形象而言，男扮女装、鲜艳夸张的发色，给人强烈的视觉冲击感；从表演而言，女性化的细腻动作、"魔性"的方言口音，既搞笑又符合剧情设定。无论是从视觉上还是从听觉上，都展现了人设一致性的特色。

8.1.2 第二人称视角

这种玩法一般用于打造特定人物关系中的人设，表演也多在体现此种关系的情景事件中，优点是用户的代入感更强，甚至第一人称可以不出镜，拍摄成本同样很低。

案例："忠哥"，获赞 7894.5 万次，拥有 1662.8 万个粉丝（数据截至 2019 年 6 月）。

这个账号的人设是怕老婆的丈夫角色。对于第一人称，观众"只闻其声，不见其人"，只有忠哥一人出镜，拍摄场地在家中，可见制作成本之低。轻松、有趣味的家庭喜剧不仅是大众喜闻乐见的内容，同时易于模仿，它的多条视频被抖音用户们翻拍。

8.1.3　多人情景剧

这种玩法主要通过情侣、闺蜜、同事等多重角色，在特定的场景下开展剧情，人物角色更丰富、场景感与故事性更强。

从出镜人数、场景等就可以看出，多人情景剧一般是由专业的制作团队集体创作的。有实力的创作团队还可以同时塑造多个人设，打造抖音矩阵，账号间互相引流可以加强影响力。

案例："七舅脑爷"，获赞 2.5 亿次，拥有 3035.0 万个粉丝（数据截至 2019 年 6 月）。

"七舅脑爷"是由洋葱集团打造的国内首档悬疑题材短视频 IP，在入驻抖音后迅速大火，不到 8 个月粉丝数暴涨到 3000 多万个。在视频中除了七舅脑爷自己，出镜最多的就是他的女朋友了。和女朋友的斗智斗勇，还有对女朋友的日常宠溺，这种以情侣生活情景故事为主的小剧场，成功地将他塑造成"抖音最暖男友"。

8.2　知识讲解

难度：★☆☆☆☆

适用对象：需要树立行业权威的团队或个人，适用于打造专业知识内容的 IP。

知识讲解型短视频的玩法非常适合垂直领域的营销。

在抖音中，要想在几十秒的视频内进行知识讲解，要诀就是“短、平、快”（如图 8-2 所示）。

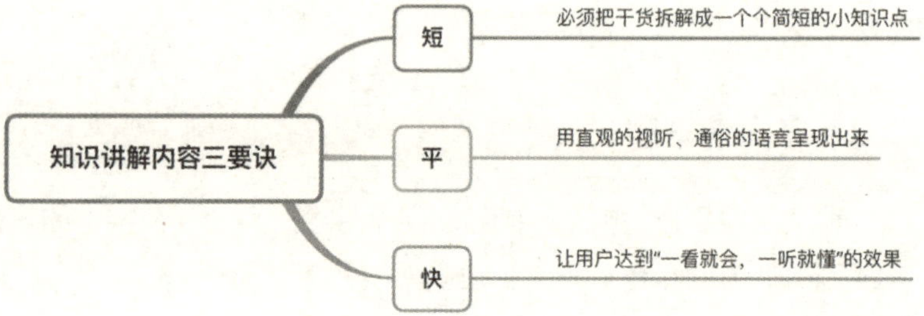

图 8-2

除了满足用户获取有价值资讯的需求，让用户在好奇心的驱使下，数十秒内获得一个小知识点，也会让用户产生一种微妙的“成就感”心理。对于平台方而言，多元化的内容能让整个内容生态更平衡。各行各业的加入可以让平台更加生机勃勃。

8.2.1 问答式

这种玩法的套路就是提出一个问题或痛点，然后给出观点、答案或解决方案。

首先，提出的问题要能引发大众的关注，如果是不痛不痒、让人提不起兴趣的冷僻问题，那么视频恐怕很难成功。其次，在后续的解答中，不可过多用专业术语，应当画面直观、语言通俗有趣、条理清晰，让用户获得知识也成为一件轻松、快乐的事。

案例一：“丁香医生”，获赞 2107 万次，拥有 484.8 万个粉丝（数据截至 2019 年 6 月）。

作为医学界的“大 V”，丁香医生的短视频营销成果可圈可点，丁香医生上线短短 10 个月即增长近 500 万个粉丝，并保持每天 1～2 条视频的高频更新。视频相当于医学小百科，每条视频的封面提出一个日常健康小问题，如“染烫头发致癌吗”“电脑肩怎么办”等，随即简明、扼要地进行解答。

一方面，丁香医生通过科普这些医学小常识，树立了专业的形象；另一方面，简单、高效、可持续的创作套路，使内容得以快速、大量更新，保持了账号的活跃度与粉丝的关注度。平均每条视频的粉丝数增量为 1.37 万个，无论是内容还是粉丝数，整体增长的可持续性很强。

案例二：“讲历史的王老师”，获赞 390 万次，拥有 113.6 万个粉丝（数据截至 2019 年 6 月）。

这是一个通俗、严谨又兼具趣味性的账号，通过问答方式讲解了很多有意思的历史知识。比如，历史上最大的贪官是谁？古人能听懂我们说话吗？宋朝人的月薪有多少？其中“历史上最大的贪官是谁？”获得了超过 130 万次点赞，证明了选题的重要性。

8.2.2　冷知识

人都有猎奇的本性，期望获得大多数人所不知道的信息，这种类型的内容抓住了人的这种心理（如图 8-3 所示）。

这种玩法非常适合个人操作，需要通过各种方式搜罗信息，将之进行二次编辑，然后发布。不少此类型的账号，甚至只播放文字或图片，配上背景音乐，也获得了上百万个粉丝，这种低门槛的操作方法，非常适合想尝试玩抖音的新手练习。

当你睡着的时候，你就感觉不到任何气味

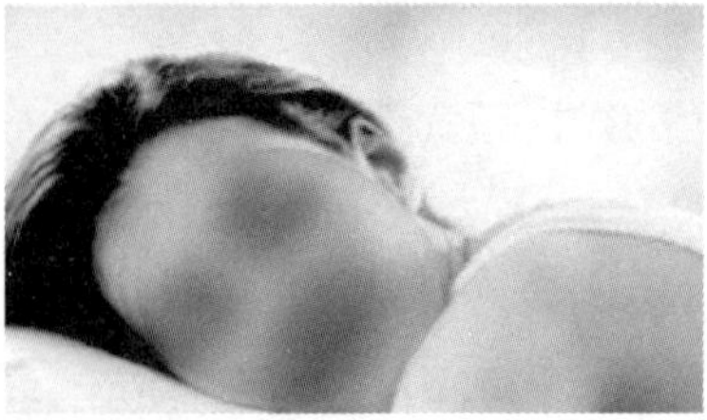

一个半径为43厘米的比萨饼比两个半径为30厘米的比萨饼大

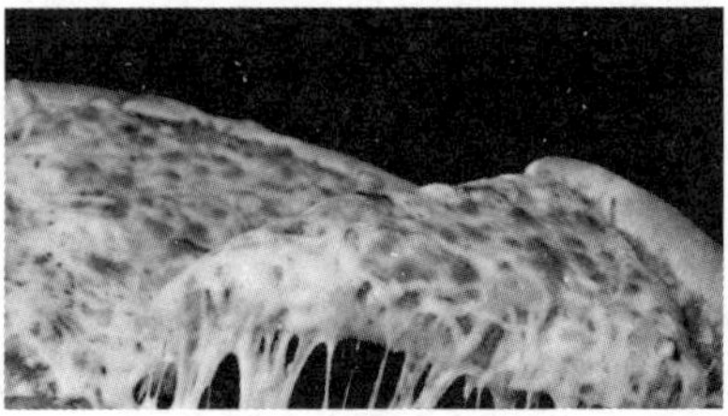

图 8-3

案例：“史上最冷知识”，获赞 343.6 万次，拥有 102.0 万个粉丝（数据截至 2019 年 6 月）。

这个账号的定位从一开始就非常清晰——分享有趣的冷知识，内容模板也从注册账号后发布的第一条视频就用上了，整体上风格一致，只在细节上做了调整优化。每条视频控制在 5 帧左右，基本上是封面一帧，四个简单、有趣的冷知识点各一帧，每个冷知识点的文字一般控制为 2～4 行，时长为 5 秒左右，观看体验非常流畅，不需要点击暂停。

8.3 特效

难度：★★★★★

适用对象：希望体现酷炫视觉效果的创作者，非平台型的特效对创作者有专业能力要求。

何谓“特效”？特效通常是指由电脑软件制作出的在现实中一般不会出现的特殊效果。在现实中不存在的场景、生物等（比如，某些星球、怪物）或在现实中有却很难呈现的效果（比如，火山爆发、跳下悬崖等）只能用特效代替，如图 8-4 所示。稀有性是其价值。

高级特效带来的视听冲击能刺激人们的感官，让人们产生奇特、酷炫、震撼的感觉。这就是这类内容的卖点。

图 8-4

基于制作难度，我把抖音中的特效分成三个级别（如图 8-5 所示）。

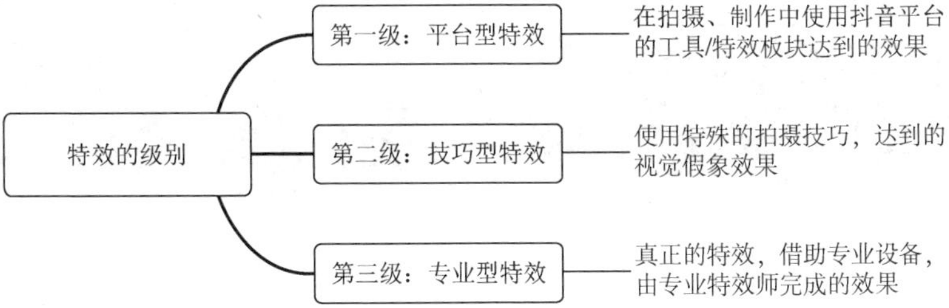

图 8-5

8.3.1　平台型特效

抖音作为平台，为了给用户尤其是创作者提供更好的体验，设计了“道具”（如图 8-6 所示）和“特效”（如图 8-7 所示）两大板块，用户使用起来完全没有难度。

“道具”板块：在拍摄中使用，这个功能相当于一个视频版的美颜相机，深受用户喜爱的有“染发”道具等，平台时常上线新道具，这也是抖音的一个黏性模块。

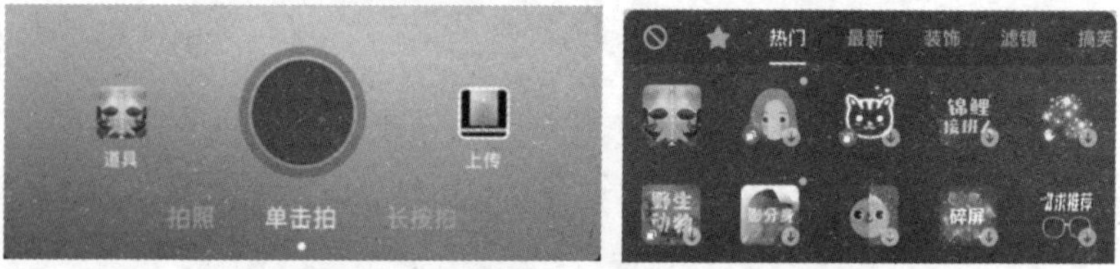

（1）位于拍摄按钮左侧的道具入口　　（2）丰富多样的道具

图 8-6

“特效”板块：在拍摄后使用，分为滤镜特效和时间特效两种。用户可以使用“特效”板块轻松地做出“时光倒流”“灵魂出窍”等效果。

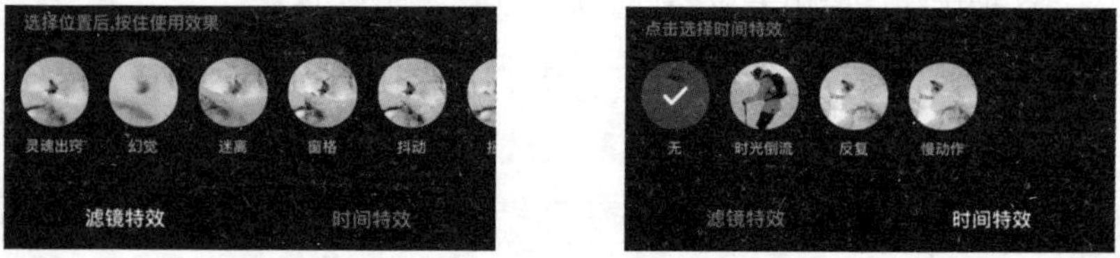

（1）滤镜特效　　（2）时间特效

图 8-7

8.3.2 技巧型特效

技巧型特效主要是指利用特殊的拍摄技巧，加以巧妙的剪辑，达到具有视觉冲击力的假象效果。这种制作需要进行一定的学习，但还达不到专业特效师级别的水平，普通的创作者同样可以尝试。

如图 8-8 所示，通过远近错位的拍摄，将“跳入杯中”与“水花溅起”的片段巧妙剪辑，达到“人跳入杯中”的视觉假象。

图 8-8

8.3.3　专业型特效

这种玩法一般由专业的特效师操刀，还需要专业的设备，部分设备价格非常昂贵，制作周期也比较长，适合专业的影视团队。

案例："黑脸 V"，获赞 1.5 亿次，拥有 2440.1 万个粉丝（数据截至 2019 年 6 月）。

说到特效，不得不说技术流"黑脸 V"——一身黑衣、不露五官，每条视频至少有数十万次点赞，其中不乏上百万次点赞的。酷炫的特效是其最大的卖点，每次都让用户惊叹，加上正能量的内容、神秘的形象，让他"吸粉"无数，屡屡获得平台精选推荐。

8.4　才艺

难度：★★★☆☆

适用对象：具有唱歌、跳舞、画画等才艺的个人或娱乐行业的企业。

才艺表演具有观赏性、娱乐性，因此若有才艺特长，便可将此作为玩抖音的切入点。常见的才艺有唱歌、跳舞（如图 8-9 所示）、演奏乐器、表演魔术、做手工等，也有一些并不常见的才艺，如超级强的记忆力、民间绝技等，抖音平台已经培养出了不少颜值与才华并重的个性“网红”。

图 8-9

8.4.1 常见才艺

案例：“代古拉 k”，获赞 1.8 亿次，拥有 2381.6 万个粉丝（数据截至 2019 年 6 月）。

代古拉 k 是洋葱集团孵化出来的最具代表性的 IP 之一。她原本是一个普通的女大学生，在集团矩阵明星的助阵下，凭借着笑容与轻松有趣的舞蹈，在抖音中“圈粉”无数。不少网友被她的魅力折服，纷纷评论“太甜了”“看见你感觉恋爱了”。视频下网友的评论如图 8-10 所示。

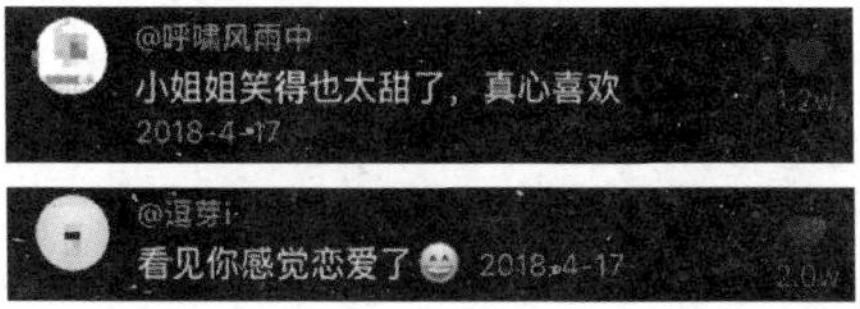

图 8-10

8.4.2　罕见才艺

案例：“打碗哥”，获赞 1883.1 万次，拥有 589.2 万个粉丝（数据截至 2019 年 9 月）。

用乐器演奏并不罕见，但通过敲击饭碗演奏音乐，确实是绝大多数人闻所未闻、见所未见的一件事。这个账号的主人公通过这种方式演绎了不少动听的曲目，这种罕见的才艺表演吸引了数百万个粉丝的关注，“打碗哥”的账号截图如图 8-11 所示。

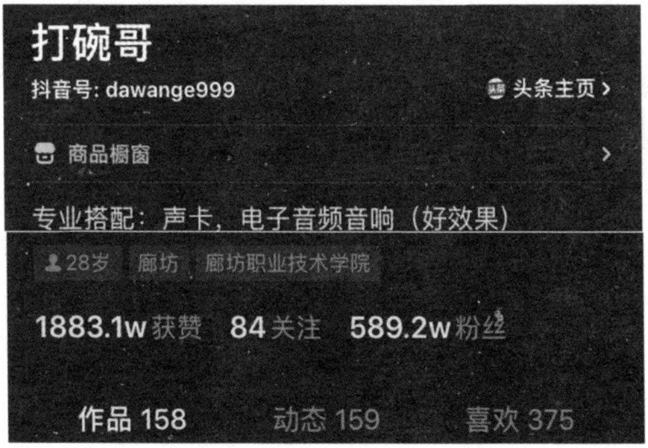

图 8-11

8.5　动画

难度：★★★★★

适用对象：打造虚拟 IP 的专业动画团队或文化传媒企业。

在抖音这场大型真人秀中，动画总能让人眼前一亮。使用动画视频有很多好处：①动画形式在年轻人中热度很高，非常受欢迎；②能打造虚拟的超级 IP，对于本身已经有吉祥物或动画形象的企业非常适用；③与真人型 IP 相比，受人员流动因素影响更小，不必担心演员流失；④当需要展示一些罕见场景（例如火山爆发等天灾）时，通过动画形式可以减少很多演出、拍摄、场地成本。

使用动画形式对人员的艺术专业度要求更高，尤其是高质量的动画，可能涉及绘画、摄影、数字媒体等，所以这种视频多由专业动画团队制作，目前此类型的头部账号几乎都是专业的影视动画公司。

按照制作的难度，我把抖音中常见的动画分成三大类：线稿动画、平面动画、立体动画。

8.5.1 线稿动画

线稿动画只有简单的黑白线条（如图 8-12 所示），对背景进行简化只突出必要的部分，1 秒内的帧数要求也不会很高，整体简单明了，无论是制作门槛还是成本都最低，因此内容产量高且稳定，更新速度快。

图 8-12

案例："巴比兔"，获赞 9106.9 万次，拥有 846.4 万个粉丝（数据截至 2019 年 6 月）。

这个账号多通过黑白线稿动画形式展示亲子间的趣味互动，主体突出，线条流畅，内容有趣，配音独特，内容生产效率非常高，达到了“日更”（每天更新）。

8.5.2 平面动画

这类动画是最常见的类型，画面无论是主体、背景，还是色彩都更加丰富，在传统媒体时代最火的《哆啦 A 梦》《葫芦兄弟》等都属于这种类型，这类动画对绘画的专业度要求较高。

案例：“喵小兔漫画（画师七七）”，获赞 1.0 亿次，拥有粉丝 1022.4 万个（数据截至 2019 年 6 月）。

喵小兔是七七画坊原创的形象，这个账号以情侣日常趣味生活为主题内容。

8.5.3 立体动画

立体动画也被称为三维动画。由于立体动画需要使用专业的电脑视觉软件制作，因此无论是制作的门槛还是成本都是最高的。但同时立体动画给用户的体验也是最佳的，在抖音的视频中，绝对能让人有耳目一新的感觉。

案例：“猪小屁”，获赞 7306.9 万次，拥有 1221.9 万个粉丝（数据截至 2019 年 6 月）。

猪小屁是震惊文化旗下的原创形象 IP，其圆滚滚的外表、幼儿化的声音、天真无邪的话语，都给人萌萌的感觉。视频采用了 3D 虚拟形象与真人实拍相结合，它仿佛就是一个在身边的小朋友，这种虚实结合的方式更具有代入感。

8.6 访谈

难度：★★★☆☆

适用对象：需要挖掘新鲜、娱乐类资讯的企业或个人，或传播某领域内容的企业或个人。

我们对访谈并不陌生，访谈原本就常见于传统媒体的新闻节目中（如图 8-13 所示），记者通过和被采访者有目的地交流，获取具有传播价值的真实信息。

图 8-13

我们可以把这种形式借鉴到抖音视频的制作中。通过这种方法挖掘到的信息价值很关键。话题是否为社会大众所关注，回答的内容是否鲜为人知、是否真实、是否具有趣味、能否引发认同，都是应当关注的点。可见，访谈并不是不需要提前进行选题准备，通过这种形式在抖音平台做内容，也需要精选符合平台特点的话题。

8.6.1 街头访谈

案例："蒲街坊"，获赞 1522.2 万次，拥有 409.6 万个粉丝（数据截至 2019 年 6 月）。

这个账号的内容以美女主持人采访街头行人为主，问题轻松，具有娱乐性，并截取被访者中的趣味回答，主持人与被访者之间的互动更像聊天打趣。比如，在其中一条视频中，主持人向一位男路人提出问题："你觉得结婚之后的钱应该归谁管？"对方听后立刻露出笑容，出其不意地回答："结婚之后还有钱？开玩笑！"随即走开。网友们纷纷评论"大叔笑中有泪""扎心了""说出了所有男人的心声"等。

8.6.2　专家访谈

专家访谈的对象是行业中经验丰富的专家，专家访谈的目的是有针对性地搜集对某些问题的意见和想法，给大众提供具有参考价值的信息，其内容更具权威性。

案例："此念官方"，获赞 298.5 万次，拥有 128.6 万个粉丝（数据截至 2019 年 6 月）。

这是一个教育行业的专家访谈节目，访谈的对象是心理学家、教育企业创始人、知名漫画家……他们在相关的细分领域都有所建树，对于如何做教育有自己的想法，借助访谈的方式，在抖音中传播了新鲜、优秀的教育理念。

8.7　测评

难度：★★★☆☆

适用对象：需要向用户推销、售卖多种类商品的电商企业或个人。

这里讲的测评主要以物为对象，目的是帮助用户从众多产品中筛选出质量有保障、体验感好、适合自己的产品，促成消费。对于电商行业，很多测评是一种导购行为。

一般而言，如图 8-14 所示，“测评”是先“测”后“评”，通过对某个产品进行使用体验，或按一定标准做功能性或非功能性的检测，然后将过程、结果分析评论，分享给用户。创作者测评的多数合格产品都被放上商品链接，用户可自行购买。

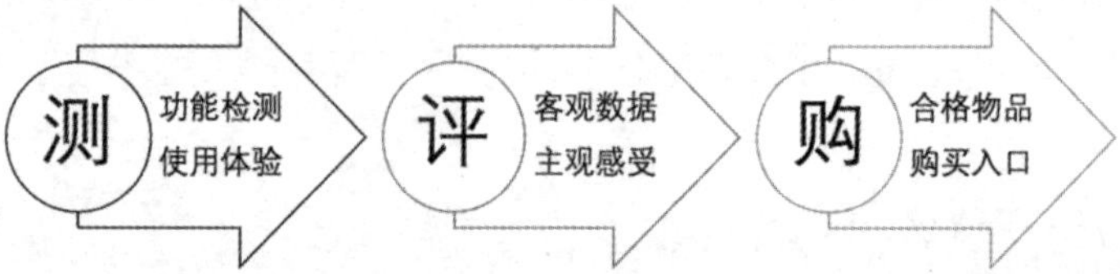

图 8-14

8.7.1 严肃测评

这类内容更注重“测”的部分，利用科学的手段，有标准地进行专业性的检测。而“评”的部分，也更多基于理性数据资料，进行评论与提出建议。

案例：“老爸评测”，获赞 2861.5 万次，拥有 1080.2 万个粉丝（数据截至 2019 年 6 月）。

这个账号的内容定位是帮助粉丝测评其担心有质量问题的产品。进行测评的产品类型繁多，覆盖到衣食住行各个方面，多为大众日常生活中高频使用的用品，包括奶粉、化妆品、厨具、衣物等，如图 8-15 所示。

值得研究的是，“老爸评测”抖音号的引流变现能力非常强。其官网在 2017 年 11 月 2 日宣布淘宝店上线。根据其抖音号记录，在 2018 年 2 月 26 日，其发布了首条带商品链接的视频，而在 2019 年 1 月，其抖音商品橱窗的单个商品浏览量已经高达 86.2 万次。无论是内容质量，还是变现能力，都非常不错。

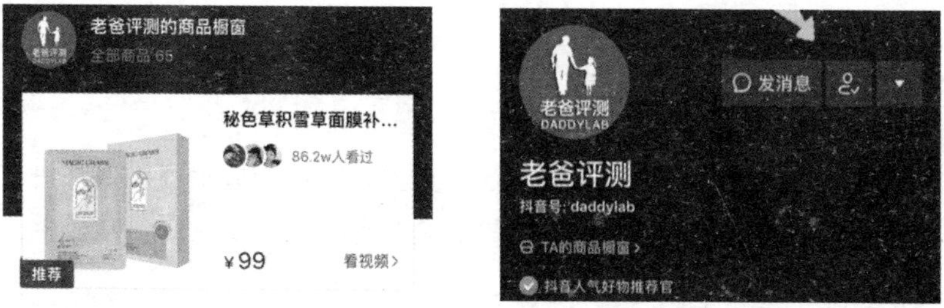

图 8-15

8.7.2　轻松评测

这类内容更注重“评”的部分，且基于感性的体验（如物品的外观、使用的顺畅度等）进行描述、评论，视频风格轻松，具有一定的表演性与娱乐性。

案例：“软软大测评”，获赞 4049.3 万次，拥有 421.1 万个粉丝（数据截至 2019 年 6 月）。

这个账号以新奇好玩的小物件为主要测评对象，快节奏、娱乐性地记录整个使用体验过程并做评论。其卖点在于花样繁多又引发好奇心的趣味测评对象，如虫子棒棒糖、解压海绵等。

8.8　“种草”

难度：★★☆☆☆

适用对象：美妆、服饰、日用品、电商等行业。

“种草”是源于 Web 时代各类论坛、社区的流行语，是指向用户介绍并宣传某种产品的优良品质，推动其产生使用、购买、消费的行为，是内容电商的重要营销手段。常见的好物推荐、清单等都属于“种草”，一般的“种草”行为具有比较强的推销色彩。

8.8.1 促销型“种草”

绝大多数的“种草”都属于这种类型，向用户展示商品，并讲述商品的优点，刺激用户的消费欲望，达成销售目标。

案例：“清单编辑部”，获赞 564.5 万次，拥有 240.9 万个粉丝（数据截至 2019 年 6 月）。

这个账号的定位是向用户推荐各种家居生活好物，提供防坑指南。对于推荐的好物，用户能从页面提供的链接中购买，该账号从前端视频到后续变现实现了完整闭环。

8.8.2 “纯种草”

“纯种草”账号：由于某些非实物产品，如音乐、电影、电视剧等，在抖音中并不能作为促销产品，但也有内容消费的市场，因而推荐这些内容消费产品的账号则是“纯种草”不推销的账号。

“纯种草”栏目：有些电商企业账号为了平衡粉丝的体验，减少被抖音平台判断为广告而被限流的风险，就将“纯种草”的内容作为其中的一个栏目，向粉丝提供一些自身并不售卖的产品，与促销型“种草”的内容同时发布。

8.9 探店

难度：★★★☆☆

适用对象：吃喝玩乐/旅游达人、本地文化传媒企业、旅游行业。

探店是指亲自到实体店中探访、体验，并将过程记录、分享给粉丝。这种玩法最适用于餐饮、旅游行业，记录饮食、消费的整个体验过程，向粉丝展示环境、食物、服务细节等，生动地描述其体验，引导粉丝消费，如图 8-16 所示。

图 8-16

探店类的内容，由于有地域限制，所以会被抖音平台贴上地域标签，基本上只向相关地域定位的粉丝精准展示，粉丝数会有一定限制。

案例：“广州吃喝玩乐”，获赞 790.1 万次，拥有 134.4 万个粉丝（2019 年 6 月数据）。

这是一个广州地方号，创作团队亲自到实体店中进行体验，向粉丝提供各个吃喝玩乐的好去处，如经典老字号店铺、特色餐饮店、“网红”人气店等，并将店铺的特色、口味、价格等向粉丝展示，发表体验过程的感受。粉丝就像跟着作者一起亲临现场一样。

8.10　小技能

难度：★★☆☆☆

适用对象：餐饮、家居、教育等行业。

与知识讲解类的内容不同，技能类的内容更注重实操性，多为展示问题解决、效果达成的过程。能够帮助人们解决难题、提高生活品质、学习门槛低的小技巧，一直是热度高、传播力强的内容类型。

抖音中不乏这类“大 V”，如果你是某个方面的小能手，如懂得鲜为人知的家居技巧、能变废为宝、能制作孩子玩的小玩具、能做出一桌好饭菜、精通 PPT 制作等，就可以从这里入手。曾经火遍抖音的话题“#沸腾虾”就是此类案例，它被用户们争相模仿、传播，单个话题的播放量高达 2.1 亿次，如图 8-17 所示。

图 8-17

案例：“生活小妙招”，获赞 831.3 万次，拥有 197.4 万个粉丝（数据截至 2019 年 6 月）。

这个账号每日分享实用、有趣味、简单易懂的生活小妙招，如缝补衣服、清洗窄口瓶子的技巧，每条视频都能清晰地展示解决问题的全过程，让人一看就会。

8.11 街拍

难度：★★★★☆

适用对象：时尚服饰行业等。

街拍源于欧美文化，是由时尚杂志催生的产物——拿起相机，到街上捕捉新鲜的时尚元素（如图 8-18 所示），把街头流行信号释放出来、传递出来，人人都可以是时尚引领者。现在，网络代替了杂志成为街拍作品的大看板，同时这种充满时尚气息的拍摄方法也开始被国人使用。

图 8-18

抖音作为一个年轻、时尚、流量大的短视频平台，自然也成了街拍内容的传播阵地。如果想选择这种方式获取视频素材，那么你需要专业的拍摄器材，要保证在动态中也能充分抓取细节，只有清晰、美观的视觉体验才能引发用户对时尚的认同。

如果你选择了街拍视频作为抖音号的内容，那么要注意在拍摄前应先取得对方的同意，否则应当在发布时将脸部模糊，以免引起法律纠纷。

案例："咔咔街拍"，获赞 843.2 万次，拥有 135.4 万个粉丝（数据截至 2019 年 6 月）。

这是一个专业的街拍账号，每条视频都能捕捉到被拍者的精致妆容、生动表情、发型及服饰的搭配。通过多个角度的拍摄，视频将被拍者的外观细节一一展示到位，观看体验好，非常养眼。

8.12　改造

难度：★★★★☆

适用对象：美妆、服饰、家居等行业。

改造类的视频主要通过记录过程、重点展现改造前后的反差来体现改造的效果。常见的有人物形象改造、物品改造等。

8.12.1 人物形象改造

这是以人为对象进行的改造，包括发型、妆容、服饰等。

案例："Yami 素人大改造"，获赞 1137.0 万次，拥有 162.3 万个粉丝（数据截至 2019 年 6 月）。

人都有爱美的天性，每个人都希望提升自己的形象，大多数人却不知道从何处下手。这个账号抓住了人们的这个需求，免费帮助路人进行形象改造，改造对象都是普通人，如大学生、咖啡师、职场女白领等。他们最终被打造成时尚潮流的形象，与以前形成了巨大的视觉反差，这是该账号视频的最大看点。

8.12.2 物品改造

这是以物品为对象进行的改造，如房屋改造、旧物改造等。

案例："改造家🏠"，获赞 333.2 万次，拥有 137.7 万个粉丝（数据截至 2019 年 6 月）。

每个人都有追求更高生活品质的需求，即使经济条件有限，也不想将就地生活，总期望通过一些经济实惠的办法提升生活的舒适度。这个账号便抓住了人们的这种需求，改造房子或居家物件实现了多样化的功能，提升了人们生活的便利度与舒适感。各种奇妙的变废为宝、改造家居环境的操作抓住了用户的心。例如，对废弃的树枝进行改造，让它变成落地灯、装饰画、挂衣杆等。

8.13 Vlog

难度：★★★☆☆

适用对象：需要记录大型活动、事件的团队，或记录日常生活、展示魅力的个人。

Vlog 是 video weblog 或 video blog 的简称，源于“blog”，意思是“视频博客”，也称为“视频网络日志”，创作者用视频代替文字或相片进行分享。Vlog 多为记录创作者的个人日常生活，主题非常广泛，可以是参加大型活动的记录，也可以是日常生活琐事的集合。

8.13.1 琐事Vlog

这类视频主要记录日常生活的琐事，通过琐事中的特色、细节展现个人魅力。

案例：“燃烧的陀螺仪”，获赞 5606.1 万次，拥有 848.9 万个粉丝（数据截至 2019 年 6 月）。

这个账号的主人是一名飞行员，他用视频记录并分享日常生活，包括起床、出门、吃饭、工作、下班、回家、贴春联、打扫卫生……多用第一视角记录，镜头动感十足，节奏快而流畅，夹带着耍酷的小动作，给人感觉活力满满，十分有代入感。

8.13.2 大事件Vlog

与琐事 Vlog 不同，这种类型的视频以某大事件为中心，如旅行、大型活动等，记录整个行程、述说心理变化。

案例："itsRae"，获赞 4269.4 万次，拥有 969.8 万个粉丝（数据截至 2019 年 6 月）。

这个账号以旅行为主题，用 Vlog 的形式记录了女主角到全球各地自助游的体验——在撒哈拉大沙漠中住帐篷、在冰岛浮潜和看极光、在迪拜跳伞。最引人入胜的不只是用镜头记录下的绝美风光景色，还有主角通过"讲故事"呈现得淋漓尽致的地方人文风俗。

8.14 语录

难度：★★☆☆☆

适用对象：所有行业。

这种玩法将能引起共鸣、发人深省、具备传播力的名人名言、网络热语、流行词条等发布到抖音中。绝大多数内容在收集后进行二次编辑得到，因此此类视频的制作难度并不大，适合新手尝试，但账号很容易达到粉丝数增长的"天花板"，且需要注意避免因使用肖像侵权被封号的风险。

8.14.1 名人语录

名人语录适合需要打造或宣传个人品牌、传播某种知识和思想的个人或团队，常被用于图书、教育行业产品等的营销。

案例：某名人关于人生规划的演讲语录。

在抖音中，很多教授讲课或外出讲座的经典语录也广受欢迎。一些账号通过整理、发布这些名人语录，也能收获数十万个粉丝，这类视频制作的难度非常小。

> 告诉年轻人，
>
> 在 20～30 岁的时候，跟一个好老板，加入好单位，学点儿东西很重要。
>
> 在 30～40 岁的时候，要做自己最想做的事情。
>
> 在 40～50 岁的时候，一定要做自己最擅长的事情，别等到 40～50 岁还傻乎乎地转行。
>
> 在 50～60 岁的时候，要把所有精力用于培养年轻人。
>
> 在 60 岁以后，把时间花在自己的孙子身上就行了，回到家里多待着。
>
> 在 70 岁以后，晒晒太阳，在沙滩上走走。如果没有机会就在村里转转，这样就挺好。

8.14.2 趣味语录（“神评论”/吐槽/段子）

让人感到神奇的评论、令大众认同的吐槽内容、让大家捧腹大笑的段子，这些网络热语、流行词条都在此列。

案例：“最强神回复”，获赞 729.6 万次，拥有 111.6 万个粉丝（数据截至 2019 年 6 月）。

这个账号搜罗了大量网络流行的搞笑段子，并二次编辑整合成视频。每条视频都简短却令人捧腹大笑。这样的内容虽然制作简单，但是同样受到粉丝欢迎。

8.14.3 情感语录

案例：#情感语录。

情感语录的话题已经有了 15.7 亿次播放（如图 8-19 所示），能戳中用户的心、引起共鸣、有助于用户领悟情感真谛，所以广受传播。

图 8-19

8.15 卖萌

难度：★★☆☆☆

适用对象：母婴行业、宠物行业等。

“萌”本身用于形容喜爱的对象。无论是人还是物，萌就是魅力，人在面对喜爱的对象时，在情感、情绪的推动下总愿意为之买单。因此，“萌”也是一种“生产力”，在抖音中，也是吸引用户关注的一种不可小觑的力量。

8.15.1 晒萌娃

这个玩法适合有记录宝贝日常生活需求的个人，或母婴幼儿类电商企业。

无论是《爸爸去哪儿》中的明星宝宝，还是在网络上意外走红的素人宝宝（如图 8-20 所示），都非常惹人爱。人们在看到萌娃时就会觉得轻松、快乐，看到他/她笑人们也会笑，萌娃确实更容易让用户产生情感互动，这毕竟是人最原始的天性。

图 8-20

案例："蓝小爸"，获赞 2389.9 万次，拥有 159.3 万个粉丝（数据截至 2019 年 8 月）。

这是一个儿童服饰电商企业的抖音号（如图 8-21 所示），通过记录萌娃快乐生活的点滴细节，不仅收获了一众粉丝，也达到了卖货赢利的目标。

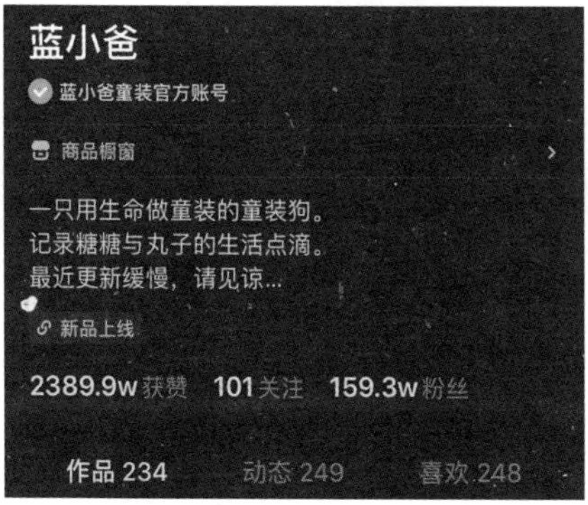

图 8-21

虽然没有台词，没有字幕，但孩子身穿可爱的童装、活力十足的小身影、天真烂漫的笑容，极具感染力。优美、舒适的大自然外景带来了一种清新的气息，清晰的画质体现出了衣物的细腻质感。

8.15.2 晒萌宠

在经济水平提高而精神压力与日俱增的现代社会生活中，越来越多的人选择养宠物，一是消除孤寂，二是解压、解乏。萌宠因其外形可爱又与人无争，有时候还会发生一些有趣的小事，因此这类视频在网络上备受网友欢迎，还常常被制作成表情包传播。

案例：“♥会说话的刘二豆♥”，获赞 4 亿次，拥有 4619.5 万个粉丝（数据截至 2019 年 6 月）。

猫是全世界最受欢迎的宠物之一，“撸猫”则正是当下年轻人最热衷的爱好之一。这个账号的视频主角——“二豆”和“瓜子”就是两只非常可爱的小猫，光是外形就俘获了大批“撸猫成瘾”的粉丝。

除了外形萌，其“声音”与故事也很萌。创作者为小猫们加上低龄化的嗲嗲配音，通过人与猫之间趣味小故事的演绎，使猫人格化，其调皮、有灵气的形象更深入人心。

8.16 清奇风

难度：★★★★★

适用对象：有深度内容创作力的个人或团队等。

抖音是个全民狂欢的热闹平台，帅哥、美女、音乐、舞蹈、搞笑段子长期霸占热门话题与榜单。轻松的内容固然让人上瘾，而相对沉静、有内涵的内容则成为一股清流，反而令人眼前一亮。

8.16.1 意境动人

意境是指将人的情与环境的景相互交融，景中有情，情中有景。

在抖音的快节奏中，有些创作者急于讲述故事而缺失意境，而有些创作者则能营造出真正打动人的艺术美感。

案例："李子柒"，获赞 4455.2 万次，拥有 1503.9 万个粉丝（数据截至 2019 年 6 月）。

这是一个美食类的账号，主角的人设是一名隐居山林的奇女子，能从大自然中获取天然材料，自制各种吃、喝、穿、用的所需品，如卤肉、柚子茶、羊毛斗篷、千层底鞋子等。与抖音的"快"不同，这个账号的视频营造了一种与自然和谐相处、颇有意境的慢生活，镜头中的星河灿烂、雪花飘飘、清晨雾气、山间硕果、小猫、小狗，充满了大自然与生活的气息。

8.16.2　道理服人

这类内容不哗众取宠，而是传播正能量的价值观、生活智慧，以期对人们的生活起到正向的指引作用，确实是有营养、有价值的内容。

案例："一禅小和尚"，获赞 2.3 亿次，拥有 4605.9 万个粉丝（数据截至 2019 年 6 月）。

"一禅小和尚"是由苏州大禹网络科技有限公司原创的 3D 动画账号。视频的主要内容是可爱又机灵的主人公一禅小和尚，在与师傅共同度过的温馨生活中，领悟了各种各样的人生真谛。视频给用户的不只是视听上的美好体验，还有心灵的安抚与激励，借小和尚与师傅之口说出故事与哲理，给了用户深深的启迪。

8.17　攻略

难度：★★★☆☆

适用对象：健康、旅游、游戏等行业。

攻略是指生活中达成某个目标的方法和指南，比如减肥攻略、旅行攻略、游戏攻略等，如图 8-22 所示。在抖音中，通过提供某个领域的有用资讯，为用户解决相关问题，也是达人展示其所能的方法。

图 8-22

案例："小小旅游攻略"，获赞 558.9 万次，拥有 229.9 万个粉丝（数据截至 2019 年 6 月）。

"小小旅游攻略"为用户提供了各个热门景点的省钱、全面的游玩攻略，包括穷游路线、高性价比的消费方法、防坑指南等，覆盖了吃喝玩乐买等各个方面。"小小旅游攻略"的选题符合了普通大众既要花钱少，又要玩得好，既不想错过经典景点，又想体验人文风俗的消费心理，如一条"日本 6 日奢华游仅需 5000 元"的视频，获得了超过 11 万次点赞。

8.18 创意

难度：★★★★★

适用对象：有创新力的个人或团队等。

在短视频中，模仿的段子千篇一律，而创意永远是稀缺品。无论是表达的方式，还是展示的内容，有了创意加持，都能加分不少，如果能具有别人不能复制、令用户惊叹的创意，那么账号的竞争力绝对非常强。

8.18.1 表达方式创意

视频的表达方式是指在视频中呈现事物、情节、思想等所采取的方法和形式。如果有独树一帜的表达方式，那么视频的视听体验绝对会让人耳目一新、印象深刻。

案例："王蓝莓"，获赞 3276.4 万次，拥有 620.8 万个粉丝（数据截至 2019 年 6 月）。

"王蓝莓"采用手指动画的创新表达形式，从视听表达上与抖音流行的潮流炫酷风格大有不同。趣味创新的表达方式加上段子剧情使得"一个东北孩子的命运"这条视频的播放量高达 3300 万次，点赞量超过 140 万次，由此可见创意的魅力。

8.18.2 "脑洞"内容创意

在生活中，对于一些看似平常的东西，总有人能"脑洞"大开地添加创意，把它变成其他人想不到的事物。一些人们完全无法想象的事情，也有人能精巧地完成。如同哆啦 A 梦的口袋里，那些具备特殊功能的奇妙宝物总让人感到惊奇。如果有了"脑洞"大开的创意内容，那么看点满满。

案例："山村小杰"，获赞 1.2 亿次，拥有 1918.8 万个粉丝（数据截至 2019 年 6 月）。

这个账号的定位是"山村鲁班大师"，巧妙地集合了工匠技艺、山村生活、爱情等元素。只要是女朋友想要的，无论是婚纱、手镯、泡泡机，还是简易的“空调”等，这位山村小伙总能想到办法用竹子和简单的工具、材料制造出来，让网友感到不可思议，纷纷惊呼其手工技艺高超。

第 9 章 在抖音中经典的行业传播案例

9.1 抖音的内容生态

9.1.1 抖音记录美好生活

自抖音上线以来，一个又一个“新哏”不断地出现在大家的生活中。

比如，“人家拿小拳拳捶你胸口”“I don't want to see you anymore”“像极了爱情”成了年轻人的口头禅。

一首又一首歌被抖音带火，原本默默无闻的歌曲 *That Girl* 因为一个中学生的深情翻唱的视频瞬间火爆。

大到商场、小到理发店，都无限循环地播放着抖音的“神曲”。

在一个又一个音乐视频发布后，更多人通过抖音这个 App 看见了一个更为广阔、丰富的世界，领略了不同人的生活风貌。

9.1.2 吃、住、行、游、购、娱、知

作为一个展示的窗口，在更多时候，我们认为抖音平台更像一个

旅游产品，用音乐和短视频展示着不同人、不同行业、不同地域的文化风情。

纵观抖音号的分布行业，我们可以用旅游行业常用的六大要素“吃、住、行、游、购、娱”来分析，再加上知识技能这一类，一共七个内容大类，如图 9-1 所示。

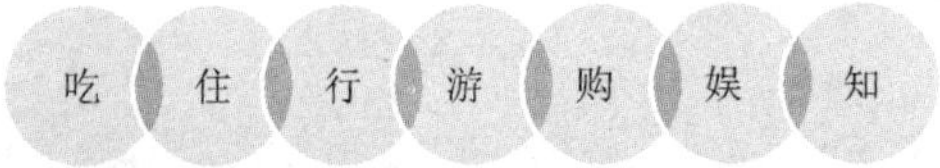

图 9-1

吃：美食、特产，以餐饮行业、种植业为主。

住：家装、酒店、民宿类。

行：汽车、交通类。

游：旅游、民俗类。

购：服装、美妆、数码、文创，以虚拟或实物的商品、服务为主。

娱：明星、“网红”、萌娃、萌宠、影视、动漫、游戏。

知：知识技能类，比如教育培训类（健身、美容、摄影、剪辑、画画、插花、办公技能等）或者生活技能类（生活小窍门等）。

9.1.3 抖音的无限可能

在抖音刚出现的时候，大多数人以为这只是一个娱乐休闲的 App，但是在短短两三年中，抖音已经完成了内部的生态搭建，最开始“吃螃蟹的人”已经抓住了流量红利，实现了在抖音中变现。

一些原本大众不了解的行业、品牌、组织或者个人，凭借一条视频、一个切入点一夜成名，当一个又一个十万级、百万级、千万级甚至亿级曝光量的案例出现时，人们见识了抖音的巨大传播潜力和可能性。

本章选取了抖音平台中不同行业比较典型的顶尖案例进行分享，希望能给你带来更多运营思路。

9.2　史诗级创意传播案例

9.2.1　食：抖音与餐饮

民以食为天，说到吃喝这个国民关注的重点，抖音中形形色色的“美食哏”令人应接不暇，毕竟很少有人能抵挡美味的魅力。

经典主题案例：隐藏菜单

隐藏菜单即不公开售卖的菜品名目。在抖音，它成了商家与消费者之间具有神秘色彩和互动性的暗号。按照消费者的需求重新组合现有菜品配料，制成口味新颖的神秘菜品，使消费者体会到了一种“VIP+DIY”式的尊享待遇。

光是以“#隐形菜单”为关键词的话题，就有近 2000 万次播放，“#星巴克隐藏菜单”有 532 万次播放，“#肯德基隐藏吃法”有 1782 万次播放。可见，隐藏菜单模式已经成了品牌餐饮的栏目秀，通过日常的运营，不断为品牌方带来巨大的互动流量。

关键词“#coco 奶茶”的播放量为 4090.6 万次，如图 9-2 所示。

图 9-2

隐藏菜单的操作步骤如图 9-3 所示。

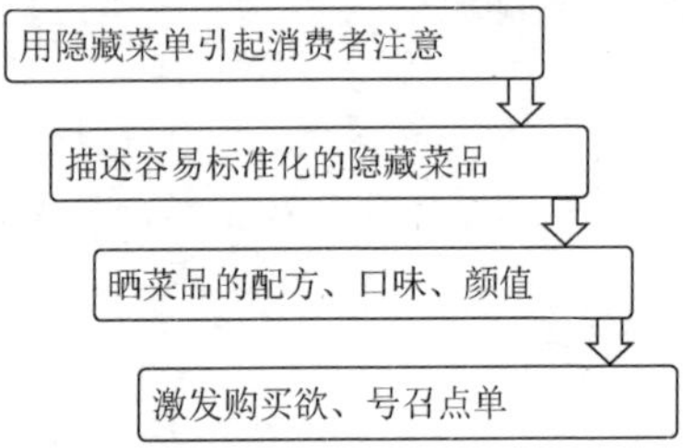

图 9-3

案例 1：在 coco 花 8 元点甜品。

配音和方案如下：

教你们怎么来 coco 点一份 8 元钱的甜品：

我要“珍珠”一份，布丁一份，芋泥一份，奶盖一份。

哇！里边有满满的芋泥和奶盖！

挖一勺，味道超级浓郁！

最喜欢这个组合了，学会了吗？还不赶快去点起来！

案例 2：coco 冬天必备隐藏菜单。

配音和文案如下：

超级好喝的 coco 隐藏菜单（产品），冬天必备，

点一杯 11 元的鲜芋奶茶，

加芋头，加布丁，加“珍珠”，热饮无糖，解锁新世界，好喝到“炸”，

这一杯完全可以当早餐哦！

隐藏菜单操作起来非常简单，并且各大餐饮品牌已经将此作为一个日常上新菜单一样来运营，根据季节变化推出隐藏新品，不断地给消费者带来新的惊喜。

9.2.2　住：抖音与家装

抖音，正在开启家装网络营销的新时代。随着个性化定制家居的兴起，众多家装公司瞄准了抖音这个巨大的流量入口。

以“#装修”为关键词的话题的播放量很高，达到了 93.0 亿次（数据截至 2019 年 6 月），如图 9-4 所示。每个人都希望有自己的一个小家，舒适宜人。

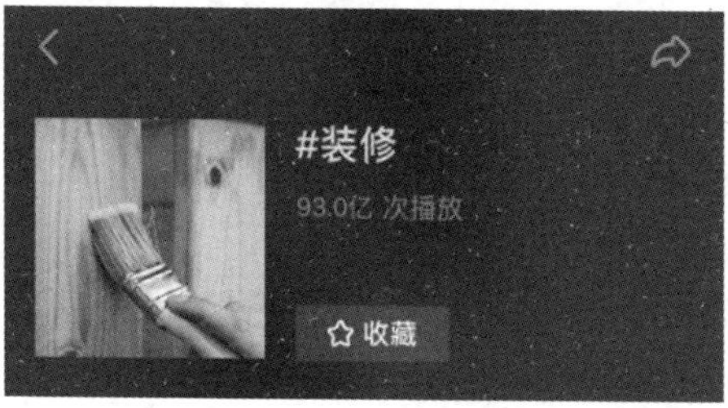

图 9-4

经典主题案例：家装改造

通过将消费者行为应用在情景剧中，通过变换背景和设计反差的视觉冲击，呈现家装不同风格的效果对比，消费者可以产生共鸣，实现场景化消费。

在装修前，消费者通常会主动浏览相关的装修案例和知识，所以为他们提供相应的专业资讯，可以吸引消费者的关注，甚至完成转化。

家装改造的操作步骤如图 9-5 所示。

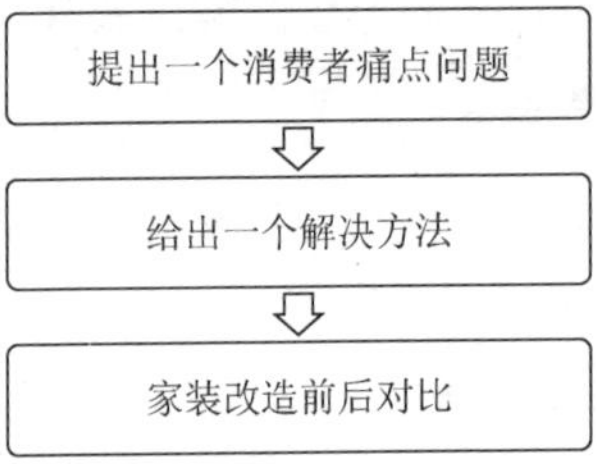

图 9-5

案例："设计师阿爽"，获赞 2951.7 万次，拥有 1184.8 万个粉丝（数据截至 2019 年 6 月），如图 9-6 所示。

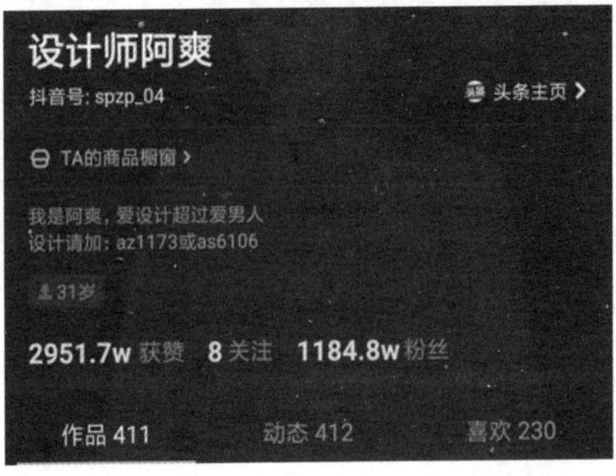

图 9-6

配音和文案如下：

怎么验毛坯房？

验完这7处，放心收房！

（1）验空鼓。用空鼓锤轻敲墙面，一间房的空鼓不能超过两处。

（2）验墙体。用手电筒照每处墙角，看是否渗水。

（3）验墙面平整。用靠尺紧贴墙面，缝隙小于0.5厘米为合理。

（4）验房间方正。用卷尺测量房间对角线的长度，两条对角线长的误差小于5厘米为合格。

（5）验水路。厨房有水路直通，看出水是否顺畅。接通水，看每个地漏排水有没有堵。

（6）验门窗。看开关是否顺畅，密封是否严实，玻璃有没有破损。

（7）验电路。看是否都有强电箱、弱电箱，距离要在1米以上，否则日后信号互相干扰！

你只有认真了，开发商才怕。

我是阿爽，爱设计超过爱男人。

9.2.3 行：抖音与汽车

汽车行业与其他行业不同的是，汽车行业的单品利润是很大的，哪怕有千分之一的抖音用户实现了转化，收入也是可观的。

除了利润，品牌的宣传作用也非常重要。相比之下，对于汽车行业来说，在抖音中投放广告比在其他途径投放广告的性价比要高得多。

抖音中以“#汽车”为关键词的话题达到了66.8亿次播放（数

据截至 2019 年 6 月，如图 9-7 所示)，汽车是人们生活中必不可缺的一部分。与汽车官方广告片的恢宏大气和冰冷铁甲不同，抖音传播的汽车“皮”得很。

图 9-7

经典主题案例：冷门知识

自从有了抖音，一些汽车的冷门知识被发现了。比如，座椅安全带上下调节的方法、汽车熄火后关窗的操作等。“抖友”们乐此不疲，原来生活中还有这么多有趣而未被发现的冷门知识在等着我们去挖掘。

案例：在汽车上如何藏私房钱。

配音和文案如下：

藏私房钱的好去处，

在汽车放水杯的（位置）下面，

还隐匿着一块可以藏私房钱的地方。

当然，你想藏啥就藏啥，

别被人发现就行。

不过现在大家都知道了……

9.2.4　游：抖音与旅游

随着重庆、西安、济南等城市在抖音中受到追捧，抖音带火一座城市或一个景点已成了独特现象。

据西安和重庆的旅游部门统计，在 2018 年“五一”小长假，西安接待游客数同比增长 69.05%，旅游业总收入同比增长高达 139.12%，而重庆洪崖洞这一景点接待 14.2 万人次，同比增长 120%。可见，抖音的流量威力巨大。

经典主题案例：地标打卡

在旅途中随手拍上一段，特别是参观一下“网红”打卡点，正成为年轻一代在旅行中的“习惯性动作”。用抖音打卡这种形式正在改变越来越多的人的旅行方式，同时持续释放对旅游景区线下的影响力，形成正向循环。

案例 1：　重庆洪崖洞夜景。

抖音中以“#洪崖洞”为关键词的话题的播放量达到了 2.0 亿次(数据截至 2019 年 6 月，如图 9-8 所示)，洪崖洞可谓“网红”旅游地。

图 9-8

重庆洪崖洞以最具巴渝传统建筑特色的吊脚楼为主体，依山就势，在夜晚时灯火通明，洪崖洞仿佛变身成了《千与千寻》动漫之中的“不可思议之街”。

不少抖音用户慕名而来，用视频记录下洪崖洞的夜景。

案例 2：重庆李子坝轻轨站。

重庆的轻轨十分有“魔性”，别的城市的轻轨不是在地下就是在空中，而重庆的李子坝轻轨站穿越在楼房之间。

所以，李子坝轻轨站每天吸引了不少人在下面拿起手机 45 度仰望上方拍摄，大家还纷纷玩起了错位拍视频，例如，张大嘴巴“吃掉”飞驰的列车，打开袖口、打开背包，将列车装入其中，争相把视频发布到抖音。官方为此还设立了一个抖音最佳拍摄点。

9.2.5 购：抖音与美妆、服饰、文创

1. 抖音与美妆

抖音火了，也带火了无数美妆达人。没有人能抗拒美，尤其在追求美的道路上，还有那么多诱惑你变美的美妆 KOL 们。

在抖音中，美妆达人李佳琦用 10 分钟帮“网红”张大奕卖掉了 1 万支洗面奶；抖音红人张凯毅据说火到“品牌方不备齐三个月的货都不敢找他做推广”，这样的带货能力简直惊人！

与其他短视频平台相比，抖音的女性用户占比和年轻人占比都较高，其中女性用户占比为 60%，30 岁以下用户占比高达 52.26%。从购买力和转化角度来说，抖音的流量质量也是最高的。所以，抖音也就成了美妆品牌的必争之地。

经典主题案例：美妆“种草”

购物欲总是随季节变迁，每到换季时节总会像草一样悄然萌生。“种草”就是把一个美好事物推荐给另一个人，让另一个人也喜欢这

个事物的过程。

美妆达人结合产品特点和抖音中的特殊语境、美妆状态打造产品卖点，进而实现快速卖货的目的。

由于美妆达人们深深地明白人们心底对美的不懈追求，所以他们知道怎么激起爱美人士心中的消费欲望，一句句简单的“买它、买它、买它！”就已经能够让消费者乖乖地掏出钱包。

案例：“李佳琦 Austin”，获赞 9925.2 万次，拥有 2207.6 万个粉丝（数据截至 2019 年 6 月），如图 9-9 所示。

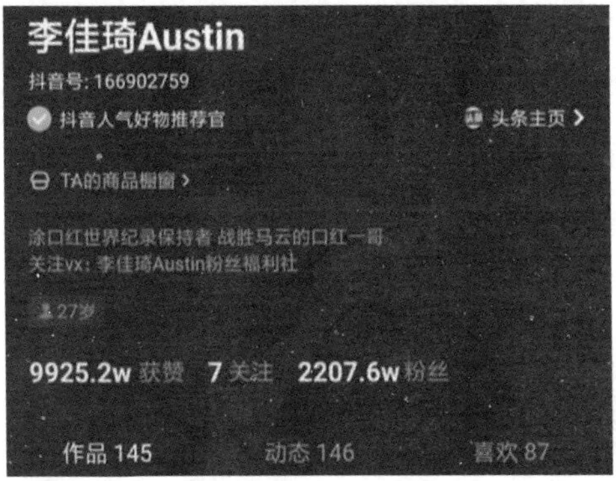

图 9-9

“自从关注了李佳琦那个男人以后我真的就能捂紧口袋看抖音了……”

这是一个最懂女人心的男人，每当听到他一说“Oh My God!”“太好看了吧”“我的妈呀”“我的天呐”，女人都会忍不住要“剁手”了。

这个直播卖口红的男人曾经在 5 分钟内卖光 15 000 支口红，被封为“美妆口红一哥”。

他的抖音定位为“抖音人气好物推荐官”，作品主要围绕各个大牌彩妆推荐“种草”产品。

案例（配音和文案如下）：

Everybody，你们的魔鬼再一次来咯！

娇兰哑光钻石系列！3！2！1！我的妈呀！

好高级啊！荔枝纹路、鳄鱼纹路、鳞形纹路。

N26，全哑光的全部不拔干，很有气质，偏樱桃色，N75，呵，太好看了吧！

我的天呐！买它！盛开的牡丹花，显脸白，好高级哦！N24，好舒服，这是嘴巴吗？

这是女人的武器！Oh My God！神仙色！

这个颜色配什么外壳？大理石，夏天拿着很凉爽。

N28 号色，水蜜桃橘，把 24 号色涂里面，超显皮肤白，外面是橘红的，里面一圈是正红的。

最推荐这个颜色，24 号色，75 号色，26 号色，28 号色，我最喜欢的颜色是 24 号色和 75 号色。这就是女人的快乐！

李佳琦颇有特色的语言和表情，使他成了抖音中多人模仿的对象。开场白“Everybody，你们的魔鬼再一次来咯！”，夸张语调的经典语句“Oh My God”“我的妈呀”“太好看了吧”，简直是模仿的“必修项目”。

颇有意思的是，抖音中有一个账号名为“天天小朋友”的小学生模仿李佳琦卖文具，因为模仿得神似而火了，有一条视频获得了 84.2 万次点赞，还有一条视频获得了 57.2 万次点赞。

李佳琦在知道了这个小朋友后，在其中一条视频下方留言“我有惊喜加惊吓给你哦”，这两个号就开始了一系列精彩而有趣的互动，如图 9-10 所示。

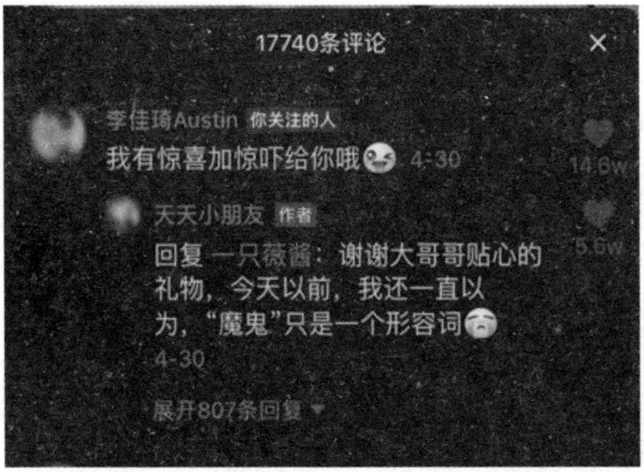

图 9-10

李佳琦专门拍了视频回应“天天小朋友”，实践了“惊喜加惊吓”——买来了从小学到高中的所有教材，寄给“天天小朋友”!

以下是视频中的语句：

@天天小朋友，你的作业写完了吗？你的魔鬼又来咯！

当当当当！我把你从小学到高中的所有教材都买回来了，哈哈哈哈！

这才是真真正正的国货之光，热销几百年，全球卖出几亿元的四大名著。这还是高级的文言文版本，你值得拥有！

重点来了，人生必经的两个阶段，一个是快乐橙（《5 年中考，3 年模拟》），一个是伤心紫（《5 年高考，3 年模拟》），哇哦！你看这两个颜色在一起，我的妈呀！绝配！这本书的味道，嗯～上头了！你看这道题，嗯～头皮发麻！

哦，对了，小助理拿一下。我帮你准备了四国语言，让你成为 international boy！

全球仅此一套的《新华字典》，吐血红来咯！这本字典质地非常厚重，什么都查得到！

你查一次，一辈子都忘不掉！

Oh My God！这个字典也太好查了吧！买它！买它！买它！

果然，在不久后，“天天小朋友”收到了这份“惊喜加惊吓”的礼物。

2．抖音与服饰

服装类视频一直是抖音里非常重要的一类视频，服装的一个特点是毛利非常高，而且抖音里有很多年轻女性，她们高学历、高品位，又喜欢跟风，非常适合服装品牌的传播。

其中较有特色的是汉服。汉服的复兴之风吹起，人们渐渐地可以见到穿着传统汉服的 “小哥哥”“小姐姐”走上了街头，国粹得以延续和发扬光大。

经典主题案例：汉服复兴

白衣飘飘，头上三爵钗，腰佩翠琅玕，肤若凝脂，眉目如画。

抖音中一股古风浪潮袭来，高颜值的视频作品，让式微多年的传统服饰之美得以映入大众眼帘。

这些身着古风元素的汉服爱好者，拍摄了许多展现精美汉服的作品，将汉服文化传递给了更多的人，使得传统服饰可以重新走到大众身边，让我们的传统服饰可以振兴。或许对于历史而言，这些服饰不算严格的汉服，却是随着时代一起进化的中华文化精粹。

案例：

“_姬小妖_”，获赞 1128.8 万次，拥有 86.5 万个粉丝（数据截至 2019 年 6 月），如图 9-11 所示。

图 9-11

“_姬小妖_”定位为汉服摄影师，主要围绕汉服拍摄。鲜衣怒马，夕阳少年，桃花妖姬，英雄烈酒，那些美好的古装汉服桥段，在这里被演绎、捕捉。

3. 抖音与文创

据《2019 博物馆文创产品市场数据报告》显示，2018 年，仅在淘宝和天猫上博物馆旗舰店的累计访问量就达到了 16 亿人次，购买力水平较高的都市年轻女性为消费的主力人群。她们具有一定的消费能力和积极的消费意愿，更具有相应的文化教育水平和历史艺术审美。这正与抖音生态下的主流用户画像——年轻、个性匹配。

故宫博物院作为文创领域的大佬，其文创产品的年销售额早已突破 10 亿元大关。故宫博物院用一个开放的心态，通过“互联网+”将文物和文化推送出去，让设计的产品与人们的生活绑定。随着抖音的火爆，故宫博物院入驻抖音平台，刮起了一场故宫文化风。

2018 年 5 月 18 日，世界博物馆日前夕，一个名为《第一届文物戏精大会》的视频 H5，以迅雷不及掩耳之势在朋友圈刷屏。

案例 1：文物戏精，累计播放量为 1.18 亿次，点赞量为 650 万次，分享量为 17 万次。

在博物馆里，两个文物交头接耳：“咱们馆在抖音注册了账号，是不是想捧红我们？”

于是，各种文物开启“戏精模式”——

唐三彩仕女俑在熟悉的抖音“神曲”中跳起了经典的“拍灰舞”，唐三彩骆驼俑随着音乐摇摆；

人面青铜鼎不甘落后地眨起“98K 电眼”，旁边的陶俑“观众”随即表示“受到 10000V 的暴击”；

西安兵马俑表示，作为中国文物的 icon，他们不红，始皇难容，于是跳起了分身舞；

陶俑敲起了鼓，“当当当”，佛像问道“什么当当当？”

现场响起了演唱会的音乐，各种文物手中拿着荧光棒摇滚起来。

这时，在博物馆中有手电筒的光照过来，所有的文物瞬间恢复正常……

案例 2：奇妙博物馆挑战赛

挑战赛是抖音特有的玩法，它结合了抖音开屏、红人、热搜、信息流、定制贴纸等商业化流量入口的资源，运用了抖音最重要的一条运营逻辑——“模仿”。目前，挑战赛已然成为诸多品牌选择与抖音共建内容的玩法之一。

抖音联合全国七大历史博物馆，借助人气爆红的抖音短视频做了一次营销活动——通过发起“#嗯～奇妙博物馆”的抖音挑战赛，号召各方上传各地的历史博物馆视频作品，展示中华文化。

这次挑战赛收到了各个博物馆与爱好者的众多视频，整个主题的视频总播放量高达 7.6 亿次（如图 9-12 所示）。新潮的 App 与旧古董之间的碰撞，给人满满的惊喜感。

图 9-12

9.2.6　娱：抖音与娱乐

这是一个全民娱乐的时代。每个人都以平台的内容为乐，同时自己也可能是内容的创作者。

你只要打开抖音，只需要短短 15 秒，就能被逗乐，快乐也可以很简单。

经典主题案例：萌宠和萌娃

可爱的力量是强大的。“萌”可以让你瞬间重燃对生活的希望。美好的东西总是让人充满力量。抖音中的萌宠和萌娃就是一股强大的治愈力量，看着他们天真、活泼的可爱模样，一天的疲乏就都烟消云散了。

案例 1：“羚彦加油站”，获赞 4120.6 万次，拥有 356.0 万个粉丝（数据截至 2019 年 6 月），如图 9-13 所示。

“羚彦加油站”通过剪辑可爱的动物视频，配以充满正能量的“加油腔”形成反差萌，让人们在轻松一笑的同时获得鼓励。

图 9-13

经典主题案例：搞笑才艺

有趣是一种能力，搞笑当然是一种才艺。

案例 2："郭聪明🔥"，获赞 2.5 亿次，拥有 3449.9 万个粉丝（数据截至 2019 年 6 月），如图 9-14 所示。

郭聪明作为抖音跨界喜剧音乐人，特有的语句"好吗？好的呢"圈粉无数。乖巧伶俐的邻家男孩外形，磁性的声线，搞笑的走位形成强烈反差。他时而深沉，时而幽默，游刃有余，一深情唱起来，简直化身情圣了。

图 9-14

经典主题案例：男女反串

男女反串满足了人们的好奇心理，让人们对男与女、美与丑的转变感到惊艳。

案例 3："阿纯（全网男女通用脸）"，获赞 1.2 亿次，拥有 1612.7 万个粉丝（数据截至 2019 年 6 月），如图 9-15 所示。

由于男扮女装而火爆的阿纯，被称为"抖音女装大佬"。

在前期，阿纯的视频很火，自称 1.9 米的他总从服装、妆容、滤镜、美颜上惟妙惟肖地演绎什么叫女装。然而，他也同时备受质疑，总有一些人不能理解他为什么拍这些视频。

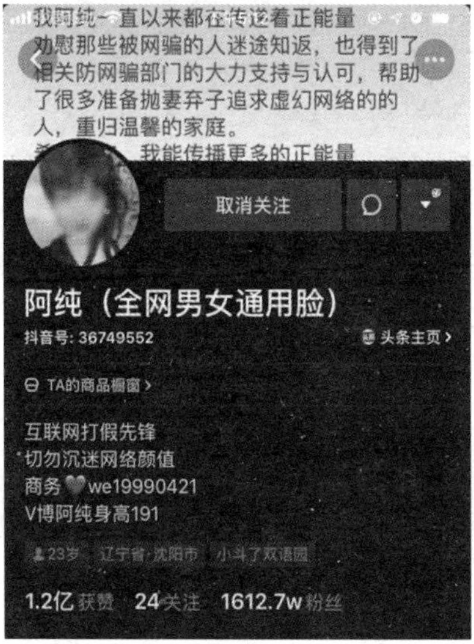

图 9-15

阿纯后期调整了自己的账号定位——成了一名互联网打假先锋，开展切勿沉迷网络颜值的商务工作，积极与网警合作，通过合拍视频，提醒网民谨防网络诈骗。

这一做法不仅大大地提升了用户们对他的好感，还使得他成了受网警们欢迎的对象，网警们不仅与他合拍视频警醒人们小心网络诈骗，而且常常在他的视频下进行评论，如图 9-16 所示。

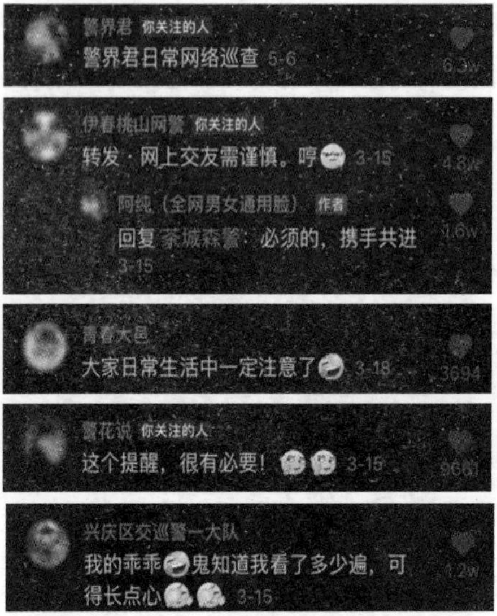

图 9-16

9.2.7 知：抖音与知识

在这个信息爆炸的时代，知识付费作为互联网变现的一种方式，渐渐被大众所接受。你免不了在朋友圈看到各种学习打卡、转发获取学习资料、分享减免学费的信息，虽然互联网的高速发展让无数免费知识搜索可得，可是如何筛选高质量的知识成了信息爆炸时代的痛点。互联网将人们的关注力碎片化，因而人们学习知识也变得碎片化。

一万小时定律是马尔科姆 · 格拉德威尔在《异类：不一样的成功启示录》一书中提到的。其认为“人们眼中的天才之所以卓越非凡，并非天资超人一等，而是付出了持续不断的努力。一万小时的锤炼是任何人从平凡变成世界级大师的必要条件。”他将此称为“一万小时定律”。

我们在学校里上课的时长一般为 45 分钟一节课。抖音的视频时长短至 15 秒，长则 1 分钟。2019 年 3 月，抖音的“DOU 知计划”表示要为知识增容，针对知识类大号开放 5 分钟权限。

经典主题案例：轻松窍门

隔行如隔山，那是因为行内和行外隔着一道轻松的“窍门”，推开它，你就迈进了一步。知识类的抖音号运营在于专注某一细分领域长期地提供高质量的知识，以吸引受众的持续关注，并且这些知识要提炼得足够短小精悍，能够在短短的 15 秒至 5 分钟内简单易懂地传达给受众。

案例 1：“Excel 之光”，获赞 947.7 万次，拥有 568.9 万个粉丝（数据截至 2019 年 6 月），如图 9-17 所示。

大多数人的 Excel 水平很低，直到工作后才发现这个问题，Excel 用得好的人可能不用加班。Excel 之光在短短的 60 秒内教会了粉丝“轻松的窍门”，并且每一个内容的封面都清晰地标注了标题，方便粉丝翻阅需要的内容，成了“上班族”不可或缺的实用工具。

图 9-17

经典主题案例：一看就会

“一看就会”强调的是易于操作实现的知识技能，普通人只要知道，就能操作。除了简易、生动的演示，给予受众习得的信心也非常重要。特别是许多生活中的小妙招、烹饪方法等，让受众即使没有经过专业训练也能操作。

案例 2：“生活妙招”，获赞 1518.9 万次，拥有 498.3 万个粉丝（数据截至 2019 年 6 月），如图 9-18 所示。

图 9-18

“顽固油污清除妙招”“米其林餐厅摆盘”“苹果醋可以化瘀”“10 秒套好被套”，“生活妙招”教会你如何用简单的操作瞬间提高生活品质。生活品质的差别不在于贫富，而在于生活态度。

经典主题案例：奇闻逸趣

好奇心是个体寻求知识的动力。求知欲，好奇心——这是人们永恒的、不可改变的特性。但凡罕见、未听闻的事情，都容易引起人们的猎奇心理，特别是尖端科技、传奇人物、奇特风光等，一切令人感到神奇、有趣的内容，都容易成为焦点。

案例 3：“科技公元”，获赞 1.2 亿次，拥有 972.0 万个粉丝（数据截至 2019 年 6 月），如图 9-19 所示。

“史上最惊魂的空中浩劫”“中国最疯狂黑客让 6000 万台电脑宕机，世界电脑病毒日因他设立”“会 360 度旋转跳舞的摩天大楼，达・芬奇旋转塔”……“科技公元”网罗了全球的科技故事，盘点了各项世界之最、传奇人物等，为粉丝开阔了眼界，满足了粉丝的好奇心。

图 9-19